Kathleen Tamisier

LA FAMILLE EN RÉVOLUTION

Sexe, amours et déceptions

L'Harmattan

De la même auteure

Les enfants surdoués sont-ils condamnés à réussir ?
L'Hèbe Editions, 2006.

La famille a-t-elle encore un avenir ?
L'Hèbe Editions, 2008

L'abécédaire des écrits professionnels.
La rédaction administrative et d'entreprise de A à Z,
EMS Editions, 2012

Les surdoués passent-ils le bac ?
Enquête sociologique sur l'univers des enfants précoces,
L'Harmattan, 2016

Le nouvel abécédaire des écrits professionnels.
Administration. Formation. Concours.
Ems Editions, 2020

5-7, rue de l'Ecole-Polytechnique, 75005 Paris
http://www.editions-harmattan.fr
ISBN : 978-2-343-20227-3
EAN : 9782343202273

Je dédie ces pages à ma mère, Denise,
et à ma fille, Clara ;
parce que la famille existe aussi
dans la force du lien intergénérationnel.

Une pensée pour mon père, Roland,
qui sait ce que transmettre veut dire.

INTRODUCTION

ÉVOLUTION DE LA FAMILLE DEPUIS LES SOIXANTE DERNIÈRES ANNÉES

Décomposition familiale, dissolution des liens traditionnels, individualisme, désamour, guerre des sexes, crise des valeurs traditionnelles... les termes et locutions pessimistes ne manquent pas lorsqu'il s'agit de brandir la menace d'une disparition de la famille, en tout cas de l'irréversible érosion de l'institution familiale.

Depuis les années 1970, dans les pays occidentaux, les divorces ont connu une progression spectaculaire. L'union libre et le PACS (pour la France) concurrencent le mariage et, en parallèle, le taux de fécondité a été divisé par deux. En 2007, un nouveau cap symbolique avait été franchi puisque 50 % des enfants français naissaient alors hors mariage. En un mot comme en cent, la famille est un « collectif intime » (François de Singly) plus très collectif et de moins en moins intime, qui traverse une crise sans précédent.

Mais « crise » renvoie étymologiquement à la transformation, avant tout. Et la famille, longtemps immuable, se transforme en effet, prenant de court les institutions et même les représentations sur lesquelles elle se fondait pour perdurer. Famille en crise socialement, mais surtout très en vogue médiatiquement. Et cela ne fait que confirmer l'indéniable attrait qu'elle exerce, même par défaut.

La famille, entre mutations et recompositions inattendues – ainsi, le mariage pour tous –, pose bien des questions à l'observateur, comme elle interroge nécessairement dans son vécu l'homme et la femme de la rue. Nous avons tous une famille de sang et une famille élective, de cœur, fût-ce de manière incertaine et temporaire.

Que l'on soit marié ou divorcé, que l'on soit seul(e) avec ses enfants ou que l'on s'occupe de ceux de son conjoint – le boom de la monoparentalité ou des recompositions familiales –, nous incarnons et vivons au jour le jour la métamorphose des liens familiaux. Et il convient d'en saisir toute la mesure sociale et morale.

En nous fondant sur l'analyse sociologique de nombreux documents et témoignages, cet ouvrage souhaite prendre acte de ce « péril en la famille ». Nous appréhenderons de manière claire et documentée la famille telle qu'elle se définit aujourd'hui : multiple, fragile, incertaine et cependant vitale pour l'équilibre des individus et de la société.

Qu'est-ce qu'une famille, exactement ?

Chacun de nous connaît la famille empiriquement. Mais en nous référant à notre seule expérience personnelle, nous risquons de généraliser ce qui n'est qu'une des formes possibles de la famille. Si le mot « famille » renvoie d'abord aux liens du sang, ceux-ci ne sont pas suffisants pour comprendre ce qu'elle est en 2020, parce que la famille au sens large peut comprendre des personnes qui n'ont aucun lien de consanguinité ; les enfants adoptés font partie de la famille. De même, il n'est pas rare de considérer ses amis de longue date comme faisant partie intégrante de son noyau familial (ne s'entend-on pas régulièrement dire : « Elle est comme ma sœur (de cœur). » Derniers invités de la famille élargie : les animaux domestiques. Considérés comme des membres à part entière, n'ont-ils pas de plus en plus souvent des prénoms humains… Gilda, Lily, Olga, Dolly, Raymond…

Le mot latin *familia*, dérivé de *famulus* (serviteur), a tout d'abord désigné l'ensemble des esclaves et des serviteurs, puis par extension l'ensemble des personnes résidant dans la même propriété, et enfin, dans un sens plus étendu, les consanguins et alliés. Au sens large, la famille est l'ensemble des individus qui sont liés par un lien de parenté (les liens du sang) ou par un lien d'alliance. La notion de famille ne doit pas être confondue avec celle de ménage, qui est une catégorie statistique. Au sens strict, la famille est un ménage constitué d'au moins deux personnes (le foyer, c'est-à-dire les parents et les enfants qui vivent ensemble) : soit un couple marié ou non avec un ou des enfants célibataires ; soit un parent isolé avec un ou des enfants célibataires.

L'anthropologue Claude Lévi-Strauss (*Les structures élémentaires de la parenté*, PUF, 1949) a proposé de synthétiser la notion courante de famille : « La famille est un groupe social régi par trois caractéristiques les plus fréquemment observées : il a son origine dans le mariage ; il comprend mari, femme et enfants nés de cette union, bien que l'on puisse concevoir la présence d'autres parents agglutinés à ce noyau ; les membres de la famille sont unis par des liens légaux, par des droits et des obligations de nature économique, religieuse ou autre, par un réseau précis de droits et d'interdits sexuels, et un ensemble variable de sentiments psychologiques tels que l'amour, l'affection, le respect… » Au début des années 1980, la psychologue Yvonne Castellan (*La famille*, PUF, 1982) proposait la définition suivante : « Une famille peut se définir comme une réunion d'individus, unis par les liens du sang ; vivant sous le même toit ou dans un même ensemble d'habitations ; dans une communauté de services. »

Quarante ans plus tard, nous sommes passés de la notion de famille au singulier à des familles plurielles. La famille considérée aujourd'hui encore comme classique, réduite à un couple et ses enfants, est celle que le sociologue Émile Durkheim (*La famille conjugale,* 1892) appelait la famille conjugale ou nucléaire. Ce modèle a longtemps été pris pour le modèle de base de toute bonne famille. Comme l'affirme le psychiatre Robert Neuburger (*Le mythe familial*, ESF, 1995), « ce modèle de famille, la PME (père, mère, enfant), n'a fait que succéder à la famille patriarcale, de type paysan, qui constituait la norme précédente, formée d'une cellule centrale avec le patriarche, propriétaire des terres, et son épouse qui regroupaient autour d'eux plusieurs foyers constitués par les fils ou les filles, mariés et leurs enfants ».

Le modèle de la famille dite traditionnelle, dominant dans les années 1950-60, présentait les caractéristiques suivantes : le père travaille, la mère reste au foyer, les parents ont une descendance nombreuse, la famille a un statut officialisé par le mariage civil et souvent religieux, les époux sont mariés à vie et seule la mort les sépare. Ce modèle reposait sur la stabilité du lien conjugal, la mise en avant de l'autorité paternelle et la division hiérarchique des rôles. Ce modèle de famille traditionnelle conjugale ou nucléaire est aujourd'hui dépassé.

En effet, l'apparition de nouveaux types de famille, tels que la famille monoparentale (composée d'un seul parent et d'un ou plusieurs enfants), recomposée (famille dans laquelle les enfants ne vivent pas avec leurs deux parents, mais avec un parent et un beau-parent) ou homoparentale a changé le paysage familial français et européen. Cette dernière possède la particularité d'être composée de deux personnes de même sexe qui ont un ou des enfants. Dans la majorité des cas, les enfants proviennent d'une relation hétérosexuelle antérieure de l'un(e) ou des deux conjoint(e)s. Dans d'autres cas, il s'agit d'enfants nés grâce à l'insémination artificielle et, plus rarement, d'enfants qui ont été adoptés. Longtemps stigmatisés, ces nouveaux modèles familiaux ont obtenu une reconnaissance normée.

Qu'a-t-elle longtemps été ?

La famille telle que nous la concevons en 2020, un groupe d'individus apparentés réunis par des liens d'affection et de solidarité, est une invention récente. Les contours de la famille moderne furent esquissés au Siècle des lumières et elle est apparue dans sa forme actuelle au XIXe siècle.

Avant cette période, l'appartenance à une famille définissait le statut de l'individu dans la société, les alliances économiques, les règles d'héritage, les tâches et les devoirs bien précis, mais pas les liens affectifs. Le lien conjugal était dissocié de l'amour. Le souci des intérêts de la lignée et de la transmission du patrimoine était privilégié au détriment du véritable amour. Il fallait unir les titres, les noms et les terres, protéger le lignage. Certains enfants étaient promis l'un à l'autre depuis le berceau, comme le rappelle l'expression « ma promise ».

La famille représentait donc une institution sociale dans laquelle les sentiments intervenaient assez peu : la dot, le remembrement des terres, les arrangements notariés étaient la norme, la sentimentalisation de la vie familiale étant *de facto* exclue. Dans ses romans, Jane Austen décrit avec force détails les affres des mères pour marier leur progéniture. Non dépourvue d'humour, elle nous explique que, durant les bals, le prétendant idéal est repéré, soupesé, convoité. C'est à qui l'arrachera à la concurrence.

Autre exemple, le best-seller de Philippa Gregory, *The Other Boleyn Girl* (2001), nous plonge au XVIe siècle au cœur des jeux de pouvoir de la cour d'Angleterre et illustre bien les règles matrimoniales alors dominantes. Rappel historique : nous sommes en 1509, Henri VIII débute son règne. Lorsque la rumeur se répand que le roi ne partage plus la couche de son épouse la reine Catherine, incapable de lui donner un héritier mâle, Sir Thomas Boleyn rêve de gagner la faveur royale grâce à sa fille aînée, Anne. En 2008, le livre est adapté sur grand écran sous le titre *Deux sœurs pour un roi*. Le rôle d'une des sœurs, magistralement interprété par Natalie Portman, témoigne du destin d'une femme considérée comme une simple monnaie d'échange et démontre parfaitement les ficelles des arrangements familiaux de l'époque. Anne subit-elle pour autant la volonté parentale ? Sans doute non, car Anne a largement intériorisé par son éducation cette manière de nouer une union.

On peut également citer les œuvres d'Honoré de Balzac, telles que la *Physiologie du mariage* (1829) et *La Comédie humaine* (1846). Étonnamment clairvoyantes, ces œuvres plaident en faveur des femmes à une époque où les lois du mariage ne leur étaient pas favorables. Le *Madame Bovary* de Gustave Flaubert nous immerge à une époque où la grande passion romantique qui emporte l'âme devient un mariage d'affaires où les sentiments sont sacrifiés à l'intérêt.

Le film du réalisateur français Jean-Marc Moutout *La Fabrique des sentiments*, sorti en février 2008, brosse de manière fine le tableau de l'évolution des liens familiaux. Lors d'une séquence très intimiste, Héloïse, l'héroïne, suscite avec une amie la confidence de sa grand-mère alitée à qui elles ont rendu visite : « Soixante-deux ans de mariage et elle n'a connu qu'un seul homme ! » s'exclame Héloïse. « C'était pendant la guerre, il m'a été imposé. Et on a tenu… », lui confie la grand-mère. « Mais tu l'as aimé grand-père ? » « Oui, on s'habitue. Avec le temps, la vie, ça crée des liens… Et après il y a eu les enfants, c'était le plus important, les enfants. Pour nous, l'amour c'était les enfants. » Ainsi donc, sans trop généraliser, on peut tout de même affirmer que, jusqu'à très récemment, on se mariait souvent par devoir, on apprenait à s'aimer, faisant du temps son meilleur allié, et on aimait les enfants, surtout. On se conformait à un fatalisme matrimonial. Il est utile de préciser que les personnes voyageaient moins. On appartenait de manière plus fermée à des communautés socialement et géographiquement marquées – l'archétype en reste le village –, et on était déterminé à se marier dans ces cercles-ci, très endogamiques.

Dans la famille contemporaine, les relations affectives, les sentiments semblent avoir pris le pas sur la contrainte et la norme. Le sociologue François de Singly (*Sociologie de la famille*, Armand Colin, 2007) nomme famille relationnelle ce nouveau modèle familial. À la famille traditionnelle fondée sur les contraintes économiques et institutionnelles a succédé une famille plus égalitaire.

Que nous disent les sociologues de la famille sur ses évolutions récentes ?

La famille, avec ses mutations et ses recompositions, inquiète et soulève des interrogations. Elle intéresse nombre de chercheurs, psychologues, philosophes, anthropologues, historiens et sociologues dont les analyses nourrissent à n'en plus finir livres et journaux. Devant la prolifique production des chercheurs, il paraît impossible, voire totalement saugrenu, de vouloir épiloguer sur les recherches des uns et des autres. Je propose à celles et ceux qui liront cet ouvrage un panorama des travaux entrepris depuis de nombreuses années par des spécialistes de la famille, travaux qui permettent de mieux comprendre son étonnante plasticité.

Il est vrai que la famille offre un lieu de rencontre inédit dans le champ des sciences humaines. Les psychologues ont depuis longtemps et avant tout le monde glosé sur elle. Déjà la psychanalyste Françoise Dolto conseillait les parents sur les ondes de France Inter, leur suggérant des lignes de conduite à adopter dans les relations intrafamiliales et les liens parents-enfants. La présence des sociologues sur la scène familiale est relativement récente. La sociologie de la famille telle qu'on la connaît aujourd'hui serait née de la remise en question du modèle de la famille dite moderne, construite sur le mode traditionnel du couple parental et des enfants. Les reconfigurations de la vie professionnelle, son articulation difficile avec la vie familiale et l'inévitable comparaison des statuts hommes/ femmes auraient capté l'attention des sociologues préoccupés jusque-là par les seuls faits socioculturels relatifs à la filiation et aux structures familiales.

Le sociologue François de Singly (*Sociologie de la famille contemporaine*, Armand Colin, 2007) identifie trois grands bouleversements autour de la famille, à savoir : en 1970, la fin de la puissance paternelle, avec les mères qui, pourvues de la même autorité que les pères, accèdent au titre de parent ; en 1999, la reconnaissance publique accordée aux couples homosexuels ou hétérosexuels par le PACS ; en 2000, l'affirmation officielle que les enfants sont aussi des personnes au même titre que les adultes, par l'instauration d'une autorité juridique, supérieure et indépendante de l'autorité parentale, le défenseur des enfants. Aujourd'hui, on parle de droits de l'homme également pour les enfants, qui ne sont donc plus considérés comme des « demi »-personnes possédant un nombre restreint de droits. Cette évolution témoigne d'un changement d'attitude majeur qui a rendu possibles les traités internationaux comme la Convention des Nations Unies sur les droits des enfants. Cette convention est la plus ratifiée en matière de Droits de l'Homme, puisqu'elle l'a été par l'ensemble des États membres du Conseil de l'Europe.

« Être libres ensemble », voilà comment François de Singly formule le défi du couple moderne, celui des années 1970. Dans le modèle de la modernité, chacun préserve son jardin intérieur, les partenaires sont deux sans se confondre. La rupture est envisagée comme possible dès le début. Quand l'union n'est plus synonyme d'épanouissement personnel pour les deux partis, elle cesse.

Cela met en évidence le fait que deux discours opposés – celui sur la crise du lien social, familial et celui valorisant la recherche de l'épanouissement personnel – sont au cœur du débat sur la famille. Cette tension, chacun doit la résoudre en trouvant un juste équilibre entre l'individuel et le collectif, entre le respect de soi et celui des autres. Plus que jamais s'affirme la nécessité d'une des fonctions centrales de la vie commune : apprendre le respect mutuel. Car il ne s'agit pas seulement de vivre ensemble mais d'être libres ensemble. Huit enquêtes inédites réalisées auprès d'enfants, d'adolescents, de jeunes adultes, de jeunes couples, de personnes âgées rendent compte de ces questions. Le sociologue montre comment les personnes qui vivent en couple, en famille, en collectivité mènent une double vie, faite de temps personnel et de temps partagé.

Le sociologue Serge Chaumier (*L'amour fissionnel. Le nouvel art d'aimer,* Fayard, 2004), pour sa part, appelle « amour fissionnel » ce nouveau type de rapport entre partenaires. Pour lui, même si l'idéal romantique demeure prégnant, la fusion accuse un recul dans les pratiques quotidiennes. La relation est la réunion de deux histoires, qui ouvre sur une troisième. Il semble loin le temps où faire couple signifiait tout partager, du portefeuille au programme télévisé.

Les travaux du sociologue Jean-Claude Kaufmann (*Sociologie du couple,* PUF, 2004) ont bien montré que faire couple aujourd'hui, ce n'est plus nécessairement partager un quotidien, c'est se déclarer un couple. Ainsi, un individu peut affirmer conjointement qu'il vit en couple alors que chacun a conservé sa résidence personnelle.

Selon la sociologue Irène Théry (*Couple, filiation et parenté aujourd'hui*, Odile Jacob, 1998), « l'enfant serait le grand bénéficiaire des mutations du lien familial ». Elle explique en effet que les nouvelles conceptions plus contractuelles des couples dues en partie au progrès de l'égalité entre les sexes ont profondément changé celles de la filiation. Un enfant sur deux naît désormais hors mariage.

Quelles sont les formes familiales émergentes ?

Depuis les années 1960, en France, nous avons donc assisté à l'émergence constante de nouvelles formes familiales. Tout d'abord, nous avons été témoins d'une baisse du taux de fécondité. Cette évolution est à relier, sans conteste, avec une plus grande liberté. On peut changer de partenaire plus facilement sans être montré du doigt et stigmatisé. La diffusion des méthodes contraceptives ainsi que la légalisation de l'avortement en 1975 ont œuvré en ce sens. Il ne s'agit pas, dans la majorité des cas, d'un refus de l'enfant, mais plutôt d'un refus du modèle de la famille nombreuse avec la femme qui reste inactive. Comme l'affirme François de Singly, il y a eu, dans un premier temps, « une dévalorisation sociale du modèle de la mère au foyer ».

Depuis les années 2000, la tendance semble avoir été inversée. Force est de constater que la France, avec son taux de fécondité (1,94), n'a plus comme rivale européenne que l'Irlande (1,99). En septembre 2005, l'arrivée sur nos écrans de la série américaine *Desperate Housewives* a largement contribué à réhabiliter la mère au foyer en lui rendant, si l'on peut dire, tous les honneurs. Et la journaliste Alix Girod de l'Ain de préciser dans un édito (*Elle magazine*) que les 15 % de femmes au foyer devraient percevoir 3 300 euros par mois... Entre le baby-sitting (4 h 33 par jour à 7 euros de l'heure), les repas (un cuisinier prendrait 22,50 euros par service), les allers-retours à l'école, à la danse et au judo, le soutien scolaire, le ménage, le linge, les courses, etc., le boulot abattu par les femmes au foyer dépasse les neuf heures par jour et mériterait d'être rémunéré 30 % de plus que le salaire moyen. Sans compter que ce job bénévole ne connaît ni RTT ni congés payés.

Le nombre de divorces est en constante augmentation. Alors qu'il n'y en avait qu'un peu plus de 30 000 en 1960, on en comptabilise aujourd'hui plus de 128 000 chaque année en France, et en moyenne un mariage sur deux en Europe explose. La législation sur le divorce a été libéralisée en 1975, avec l'autorisation de la séparation par consentement mutuel. Certes, cette libéralisation a favorisé la montée des désunions, mais elle a surtout accompagné des changements de mentalités et de comportements.

Parallèlement au divorce, on a assisté à l'essor de l'union libre, qui a participé d'une véritable transformation des mœurs. Le mot indique bien ce qu'il veut dire. On vit ensemble, mais chacun reste libre sans attaches institutionnelles (et souvent morales) trop fortes. « J'ai l'honneur de ne pas te demander ta main », disait la chanson de Brassens. Ce fut le mot d'ordre d'une génération qui ne voulait pas se laisser prendre par une norme sociale jugée rigide. L'union libre est plus que jamais d'actualité. Le credo 'nul besoin de se marier pour être heureux' semble avoir aujourd'hui encore de nombreux adeptes. Lorsque le film *Sex and the city* est sorti sur nos écrans fin mai 2008, nous nous sommes toutes et tous demandé ce qu'il était arrivé à nos quatre héroïnes préférées depuis l'arrêt de la série à succès en 2004. On y apprend notamment que Carrie Bradshaw vit enfin le grand Amour depuis quatre ans avec Mister Big, mais « dans le péché », comprenez en union libre. Et ce n'est que lorsqu'ils vont décider de s'unir pour le meilleur et pour le pire que tout se met à dérailler. L'apothéose viendra lorsque le couple en arrivera à la conclusion suivante : « Mais pourquoi a-t-on voulu se marier, nous étions bien avant, non ? »

De ces unions sans mariage vont pourtant naître des couples stables et des enfants. En effet, la proportion de naissances hors mariage n'a cessé de s'accroître depuis la fin des années 1960. Comme le note le démographe Hervé Le Bras (*La démographie*, Odile Jacob, 2005), « dans les années 1978, on comptait 8 à 9 % de naissances hors mariage et très peu de reconnaissances paternelles. En 1995, on est passé à 35 %, mais les ¾ des enfants sont reconnus ». En 2020, plus d'un enfant sur deux naît hors mariage en France. Il en va de même pour la Suisse. La part des naissances hors mariage dans l'ensemble des naissances vivantes continue de progresser (16,2 % en 2007 contre 15,4 % en 2006). Cette proportion a plus que doublé en vingt ans (en 1988, elle était de 8 %). Mais il est vrai que comparée à la moyenne de l'Union européenne (33 % en 2006), la Suisse affiche l'un des taux de naissances hors mariage les plus bas. Avec la progression du nombre de naissances hors mariage, on observe également une hausse du nombre de reconnaissances d'enfant par le père. En effet, 12 300 reconnaissances ont été comptabilisées en 2007 contre 11 400 l'année précédente, soit une hausse de 7,8 % (+ 900). Plus de la moitié de ces reconnaissances (54 %) ont été effectuées avant la naissance de l'enfant.

Les divorces et les ruptures de concubinage ont conduit *de facto* à une augmentation exponentielle du nombre de célibataires, de familles monoparentales et de familles recomposées.

Que nous dit le *Larousse de la langue française* sur le célibat ? : « État d'une personne qui a l'âge d'être mariée et qui ne l'a jamais été. » Dans cette définition assez restrictive, le célibataire se définit par rapport au mariage et en opposition à lui, mais paradoxalement pas à la vie de couple. Le sens social de ce mot a spectaculairement évolué depuis quelques années, et il s'est ouvert pour inclure toutes les personnes vivant seules, qu'il s'agisse de célibataires *stricto sensu*, de divorcés non remariés ou encore de veufs sans enfant. Nos *singles*, nos solos, nos célibataires seraient, selon les chiffres de l'Institut national de la statistique et des études économiques (INSEE), plus de 18 millions en 2020 en France. En Suisse, une personne de moins de 40 ans sur trois est célibataire. Les études sociologiques montrent que l'aspiration à vivre en couple n'a pas diminué, en revanche les obstacles à sa réalisation se sont multipliés. C'est ce que nous découvrirons dans ces pages.

Les familles monoparentales, elles aussi, n'ont cessé de s'accroître. Deux fois plus nombreux qu'en 1968, les parents isolés représentent aujourd'hui plus de 25 % des familles. Dans 86 % des cas, les mères sont à la tête de ces foyers. Jean-Claude Kaufmann (*La femme seule et le Prince charmant*, Armand Colin, 1998) le remarquait il y a vingt ans déjà : « Les familles monoparentales sont dans leur immense majorité constituées de femmes avec enfants. En bref, dès que le couple faiblit, le groupe mère-enfant(s) prend le relais. » La réalité semble bien plus cruelle encore. Loin des amazones qui inondent les magazines branchés, qui élèvent seules leur(s) enfant(s) sans problème d'argent, qui roulent en Mini et travaillent dans la pub, nos mamans solos représentent plus de la moitié des allocataires du Revenu minimum d'insertion (RMI) et plus de 20 % d'entre elles vivent en deçà du seuil de pauvreté.

On peut également parler du « boom » des familles recomposées qui se multiplient sous l'effet des séparations, des divorces et des remises en couple. Il y a trente ans, face à ces nouvelles organisations familiales, on parlait de tribus, terme mêlant des notions d'archaïsme et de non-droit. Depuis, les choses ont grandement changé. Le terme de famille recomposée a fait son apparition dans le dictionnaire et le modèle familial s'est très largement répandu autour de nous.

Avant de vous inviter à comprendre aujourd'hui ce qui fait le sens de la famille, je vais ajouter la notion de « mariage pour tous ».

Avec la loi du 17 mai 2013 sur le mariage pour tous, la France est devenue le 9e pays européen et le 14e pays au monde à autoriser le mariage entre personnes de même sexe. Cette loi a ouvert de nouveaux droits pour le mariage, l'adoption et la succession, au nom des principes d'égalité et de partage des libertés. En 2014, les mariages de couples de même sexe ont représenté 4 % du total des unions. L'INSEE nous apprend que, pour l'année 2018, 133 000 couples de même sexe cohabitaient. Les derniers sondages réalisés montrent que le mariage pour tous est entré dans les mœurs. L'Institut d'études opinion et marketing (IFOP) confirme que 63 % des Français voient les parents homosexuels ayant des enfants comme une famille à part entière.

Les réponses sur la procréation médicalement assistée (PMA) pour les couples de femmes et les femmes homosexuelles célibataires, ou la légalisation de la gestation pour autrui (GPA), sont tout aussi éloquentes. En 2017, 60 % des Français étaient favorables à l'élargissement de la PMA aux couples lesbiens. Ils n'étaient que 47 % en 2013. La PMA pour les femmes homosexuelles célibataires était approuvée par 49 % des sondés, en hausse d'un point sur une année. Quant à la légalisation de la GPA pour les couples de même sexe, 44 % des Français s'y disaient favorables, soit 3 points de plus qu'en 2014.

Si le mariage pour tous est entré peu à peu dans les mœurs, cela ne freine pas pour autant l'homophobie. Selon le rapport 2017 de SOS Homophobie, 212 agressions physiques à caractère homophobe ont été recensées en 2016 en France, soit une hausse de 20 %. Un triste et malheureux constat pour l'association, qui souligne par exemple que la fin des débats sur le mariage pour tous n'a pas endigué la lesbophobie et que les attaques gayphobes ont significativement augmenté.

Les lecteurs liront au fil du propos des témoignages issus d'une série d'entretiens menés auprès d'un échantillon représentatif de toutes les nouvelles tendances dont il est question dans ces pages.

Il est temps d'entrer dans la famille en révolution…

CHAPITRE 1
LE CÉLIBAT

Que sont devenues les Bridget Jones ?

En 1997, les trentenaires célibataires s'identifiaient à cette Anglaise grassouillette qui désespérait non sans humour de trouver l'amour… Deux décennies se sont écoulées depuis la publication en Angleterre d'un petit roman sans prétention, quelques centaines de pages en forme de journal intime relatant le quotidien farfelu et drolatique d'une célibataire londonienne de 33 ans. Depuis, Bridget Jones est devenue une héroïne des temps modernes, la cheffe de file d'une horde de jeunes femmes dont elle a révélé l'appartenance à une communauté, celle des célibataires. Un véritable phénomène, avec des millions d'exemplaires vendus, rendant au passage célèbre son auteure Helen Fielding.

Jean-Claude Kaufmann (*La femme seule et le Prince charmant*) analyse d'abord le raz-de-marée « Bridget Jones » à l'aune du contexte euphorique de la fin des années 1990. « C'était une période presque comparable aux années 1970 : hédoniste, ludique, où l'on avait envie de se lâcher, de vivre des choses. Et puis, la bulle Internet a éclaté, l'économie s'est moins bien portée, les tours du World Trade Center sont tombées. Le miroir que leur tendait Bridget, compilation d'anecdotes, reflet fidèle de leurs défauts et vilaines manies, les a décomplexées. »

Solo et bien dans sa peau ?

« Mon existence en solo, je la vis pleinement. J'ai envie de refaire ma vie, mais pas à n'importe quel prix », explique Christelle, 35 ans, mère célibataire divorcée depuis deux ans. « Je profite des variantes de l'amour : la tendresse que je trouve auprès de ma famille et de ma fille, la complicité que je partage avec mes amis… » À l'heure où le mariage n'est plus un passage obligé, où la vie de couple se pense davantage en CDD qu'en CDI et où la société se fait de plus en plus individualiste, nous sommes tous amenés à connaître des périodes de célibat. Fini le temps où les catherinettes étaient raillées et les vieux garçons tournés en ridicule. Aujourd'hui, les célibataires s'assument et certains n'hésitent pas à vanter les mérites de la vie en solo. Sans en faire pour autant un projet de vie.

Parmi les solos, ils sont nombreux à prouver qu'il est possible d'exister et de s'épanouir en dehors de la vie de couple, qui est souvent loin d'être un long fleuve tranquille, lui préférant, un temps au moins, le célibat. Pour Léa, 41 ans, vivre seule est un choix. « Je ne me marierai pas, j'ai vu trop de désastres autour de moi. En revanche, je ne dis pas que je ne craque pas de temps en temps. Avoir un compagnon de route est appréciable, mais pas à temps plein. »

Exit l'image du célibataire malheureux et laissé pour compte. Place à celle d'un célibat qui peut être source d'épanouissement. La clé ? « Se fréquenter soi-même, être davantage à son écoute », répond la psychothérapeute Dominique Contardo-Jacquelin (*Solitudes subies, solitudes choisies*, Oskar, 2007). « S'interroger sur ce qui me ferait plaisir, sur les personnes que je pourrais rencontrer… » Et aussi, trouver d'autres domaines de réalisation de soi que le couple : professionnel, artistique, associatif, sportif… Mais les célibataires ont beau prouver qu'exister autrement qu'à deux est possible et jouir d'une image plus positive qu'avant, ils continuent de déranger.

À la Sainte-Catherine, fêtée le 25 novembre, la coutume, aujourd'hui désuète, voulait que les femmes célibataires de plus de 25 ans (les « catherinettes ») implorent, en France comme au Québec, la sainte patronne de les aider à se marier. Les solos s'en remettent désormais à d'autres saints : leur bonne étoile, leur bon vouloir, ou encore les sites de rencontres en ligne. Le nombre de célibataires a plus que doublé en France en quarante-cinq ans. Selon les chiffres de l'INSEE, la France compte aujourd'hui 18 millions de personnes seules. Et parmi ces solos, célibataires forcés ou par choix, des personnes divorcées, séparées, veuves et des familles monoparentales.

Plus qu'un état civil, le statut de célibataire est devenu un état d'esprit ; loin d'être un chemin de croix, c'est un choix qui leur permet d'être pleinement soi-même, une façon de vivre qui ferait presque des envieux… On est loin du cliché de la vieille fille complexée, traînant son « ultra moderne solitude » comme le chante Alain Souchon. En effet, qui n'a jamais rêvé de passer, de temps en temps, un week-end tranquille à la maison à lire, regarder des séries, et « buller » dans un bain sans contraintes ?

Qui n'aimerait pas, parfois, sortir quand bon lui semble sans avoir de comptes à rendre ? À l'instar de Brigitte, 34 ans, qui savoure pleinement sa chance : « Depuis que je suis divorcée, je me suis débarrassée de la routine du couple, et je mène ma vie comme je l'entends. Et si j'ai envie de passer la journée attifée du sweat-shirt de mes 15 ans, élimé sous les coudes, je le fais ! Par contre, je n'ai jamais été aussi coquette, je vais régulièrement chez l'esthéticienne, j'adore ! J'ai enfin le temps de prendre soin de moi... » Et Léa de surenchérir : « C'est un vrai bonheur pour moi de me sentir libre de mes mouvements. Avec mon ex, je n'avais pas une minute à moi, après le boulot, il fallait faire les courses, préparer le repas, l'écouter parler toute la soirée de ses problèmes de boulot... Ouf, tout ceci est fini ! Je pense à moi, enfin ! » À la lumière de ces deux témoignages, on est en passe de le croire.

Comme Brigitte et Léa, les « néocélibataires » semblent être des personnes plutôt épanouies, qui prennent désormais le temps de s'occuper d'elles, de faire du sport, de sortir, de voyager, de s'investir dans leur boulot.

Emma Watson a récemment trouvé la formule qui fait mouche. Dans une interview donnée au *Vogue* anglais, en novembre 2019, l'actrice a déclaré être très heureuse de vivre en solo. Mieux, elle l'a théorisé : « Je suis *self-partnered.* » Ce que l'on pourrait traduire par « je suis mon propre conjoint ». Aussitôt, l'expression a été reprise partout sur Internet. La comédienne venait de prononcer le mot magique, celui qui décrit à merveille ce que vivent nombre de personnes. De plus en plus d'hommes et de femmes revendiquent le fait de ne pas être en couple et refusent que ce soit vu comme un état honteux. On appelle cela le « *single positivity movement* ». Et que dire de ces extrémistes qui se marient avec elles-mêmes (on parle alors de sologamie) lors de vraies petites cérémonies, cas isolés mais révélateurs d'un certain état d'esprit.

« Ce phénomène est dans la logique du mouvement *#MeToo* », explique la coach et psychanalyste Florence Lautrédou (*L'amour, le vrai*, Odile Jacob, 2016). « Il y a là l'affirmation d'une puissance féminine et le désir de briser un tabou : celui qui postule que les femmes seraient incomplètes si elles ne sont pas inscrites dans une vie de couple. » Les célibattantes actuelles refusent le diktat de la société qui leur impose de trouver à tout prix un conjoint, une moitié, un prince charmant, qui donnerait enfin un sens à leur vie. Souvent, elles ont connu la vie de couple, cherché l'amour, notamment sur les applis de rencontres. Et trimbalé une vision négative du célibat. Jusqu'au jour où une révélation a eu lieu et qu'elles ont assumé leur situation.

Claire Brull, auteure du blog *J'ai 40 ans et je t'emmerde*, raconte : « J'étais en couple durant huit ans. Mon mec était beau, intelligent, mais c'était un rabat-joie de première. Je suis restée par peur d'être seule. Aux yeux des autres, j'étais dans une relation stable. Mais cela me rendait malade. Un jour, je l'ai largué. L'effet a été magique. Au lieu d'être submergée par l'angoisse, je me suis sentie libérée, j'ai commencé à sortir, à rencontrer de nouvelles personnes. C'était il y a trois ans. » Depuis, elle dit se sentir très bien, vivre dans l'instant. Mais évoque aussi le regard pesant de ses ami(e)s qui voudraient bien qu'elle se calme. Le regard des autres, voilà le plus dur pour celles qui sont célibataires et épanouies. D'où le besoin de prendre la parole. « Que des femmes soient amenées à revendiquer leur célibat prouve à quel point cette situation n'est pas toujours acceptée par la société », commente la psychanalyste Sophie Cadalen. On veut toujours les voir comme des épouses, des mères, des reproductrices. Pourtant elles ne devraient pas avoir à se justifier ».

Les vertus de la vie en solo ? Celles qui la pratiquent disent se sentir plus ouvertes aux autres, ayant une vie plus riche. Marianne, 32 ans, assistante de direction, a eu quelques histoires d'amour mais elle n'a pas été convaincue. « Seule, je suis libre, je peux organiser ma vie comme je veux. Moi qui adore danser, je peux assister à autant de cours et de spectacles que je veux, sans avoir de remarques de mon mec. En fait, je me suis rendu compte que je n'avais pas besoin d'être avec quelqu'un pour être heureuse, ce qui ne veut pas dire que je ferme la porte à une relation amoureuse. » Être heureuse avec soi-même, voilà la grande découverte que font les heureux célibataires. Anémone, 33 ans, responsable de marché, a été pendant cinq ans une célibataire obstinée. Un passage nécessaire, à ses yeux, pour pouvoir faire le point sur elle-même. « Le célibat m'a permis de développer une relation positive avec moi-même. C'était essentiel. »

Toutefois, les célibataires doivent faire face à de nombreuses critiques. Homme ou femme, on serait forcément égocentrique, névrosé, misanthrope. Comme si on ne pouvait pas l'être dans le couple... Comme l'explique Anne-Laure, 34 ans : « Je suis restée célibataire assez longtemps, non par envie. Prise en étau entre mon souhait d'être en couple et mon refus de vivre une histoire au rabais, j'ai trop souvent vécu cette étouffante pression sociale. Fréquemment et dans divers environnements, je devais subir, la trentaine bien entamée, des phrases du genre "il faudrait peut-être penser à te caser" ou encore "dommage qu'il n'y ait pas de beaux célibataires à ce mariage"... » Malgré le caractère risible de ce genre de phrases, le choc et la violence des mots devaient être encaissés à chaque fois. Et puis un jour (notamment suite à une démarche de développement personnel), une rencontre Internet s'est transformée en une belle histoire, sereine et sécurisante. Pourquoi maintenant ? Peu importe, car me voilà enfin dans le moule (rire jaune). Je suis très heureuse aujourd'hui, autant qu'avant mais avec un poids en moins : celui de l'anxiété vécue malgré moi à l'idée de ne jamais apparaître socialement en couple. »

En fait, ces personnes semblent moins égoïstes qu'exigeantes. Lucides, en quête d'authenticité, elles ne veulent pas d'une relation à n'importe quel prix. De nombreux célibataires cherchent une vraie histoire d'amour mais ne la trouvent pas. Pour autant, ils refusent de s'encoupler, ils ne souhaitent pas créer un couple juste pour ne pas être seuls ou faire comme tout le monde. Ce qui, en soi, est plutôt honnête et courageux.

Cibles privilégiées des médias et de nombreux films, les solos représentent un filon en or. Personne n'a oublié des séries télé comme *Friends* ou *Sex and the city* qui ont connu leur heure de gloire en relatant les aventures de célibataires new-yorkais. De ce côté de l'Atlantique, tout le monde se souvient du *Tanguy* d'Étienne Chatiliez (2001), ce jeune bientôt trentenaire vivant encore chez ses parents, à leur grand désespoir d'ailleurs. Le film sorti en 2001 fut un tel succès qu'une suite a vu le jour en 2019 (*Tanguy, le retour*).

Le célibat est depuis de nombreuses années une source inépuisable d'inspiration pour les scénaristes de cinéma et de télévision, avec *Friends* pour matrice ; il est une source de revenus pour les *marketers*, surtout, qui ont perçu une « niche » à part entière dans ce créneau. En fait, le célibat est à la mode, quitte à ce que ses représentations médiatiques soient des clichés, dont celui de la « célibattante » chère aux magazines féminins. Et comment qualifier le thème obsessionnel de l'immense production des *talk-shows*, des films sentimentaux et autres séries télévisuelles, sinon comme une permanente campagne propageant le modèle de l'union romantique comme matrice du couple idéal ? La « télé-réalité » a en tout cas fait du célibat une vache à lait très fertile, du

Bachelor à *L'Île de la tentation*, en passant par l'inépuisable *L'amour est dans le pré*.

Depuis quelques années, on en arrive à penser qu'être célibataire, c'est presque être tendance. La charge négative du « vieux garçon » et autres catherinettes semble s'être inversée. On est passé à la célibattante, sorte de *wonder woman* dont se sont immédiatement emparés les magazines féminins, *Elle*, *Marie-Claire*, *Cosmopolitan* en tête. La célibataire 2020 est belle, intelligente, gagne très bien sa vie, conduit une voiture « super sympa », ne sort que dans des endroits chics et *select*, choisit ses vacances sur le catalogue du Club Med et n'hésite pas à faire un aller-retour Paris-Milan pour une seule journée shopping... Aujourd'hui, chez de plus en plus de personnes, on retrouve une exigence fondamentale : devenir soi, définir ses goûts, faire des choix... soi-même. Et non en fonction d'un autre. Et si bien vivre son célibat, cette occasion privilégiée de se réaliser en se retrouvant en tête à tête avec soi-même, était le meilleur moyen de retrouver, par la suite, plus facilement l'amour ?

Effectivement, vu sous cet angle, le monde du célibat semble bien attrayant... On aura compris que la possibilité d'être célibataire à un moment ou à un autre de sa vie est de plus en plus élevée. Alors que ce célibat, comme nous le rappelle l'écrivain Jean-Claude Bologne (*Histoire du couple*, Perrin, 2016), « n'est plus la salle d'attente du mariage, mais un mode de vie assumé, que reprennent à l'occasion les gens mariés, que reprennent tout naturellement les divorcés, nouveaux venus dans l'histoire occidentale. »

Mais alors, comment désigner cette femme, seule avec ses trois enfants, qui (sur)vit grâce à un petit SMIC et aux repas des Restos du Cœur ? Ou cet homme qui habite en foyer et qui passe ses journées sur un banc à donner à manger aux pigeons ? Le film d'Isabelle Mergault, *Je vous trouve très beau* (2006), mettant en scène un Michel Blanc agriculteur, doté d'un physique "ordinaire", comprenez peu avantageux, et bourru de surcroît, a semble-t-il rendu justice aux dizaines de milliers de célibataires « sans grade ». « Les nouveaux célibataires, célibattantes et solos sont des clichés médiatiques », affirme le Professeur Pascal Lardellier (*Les célibataires*, Le Cavalier Bleu, 2006).

Des psychologues se sont penchés sur les problèmes des cœurs esseulés. Leurs résultats sont sans équivoque : ne pas avoir d'âme sœur nuit à la santé. La solitude, aggravée par un retour à des valeurs traditionnelles comme le mariage et la famille, déstabilise les célibataires endurcis. Car aspirer à s'épanouir dans une union solide serait fondamentalement humain. Le désir d'une relation stable est un besoin quasi inné chez l'homme. Les personnes qui vivent une relation amoureuse satisfaisante et celles qui sont entourées de nombreux amis sont moins souvent malades et possèdent de meilleures fonctions immunitaires que les personnes isolées socialement. Leur système nerveux végétatif fonctionne mieux, elles dorment mieux et prennent mieux soin de leur santé. Ces personnes se remettent aussi beaucoup plus rapidement sur pied après une maladie ou une opération, mais à condition que leur relation de couple soit harmonieuse. À l'inverse, les célibataires présentent un risque plus élevé de développer des maladies physiques ou psychiques. On a découvert que la solitude, lorsqu'elle engendrait un stress chronique, pouvait mettre l'organisme sous très haute tension. Le taux de cortisol sanguin augmente, provoquant des troubles du sommeil et un comportement apathique. Ceux qui n'ont personne pour les prendre dans leurs bras sont plus vulnérables dans les situations de stress. Les célibataires manquent non seulement de soutien, mais aussi de tendresse et de sexe. Les résultats des études indiquent que les célibataires ont une vie sexuelle bien moins épanouie que les personnes vivant en couple. Les amoureux sont en bien meilleure santé. L'amour stimule, entre autres, la production d'hormones et agit, en même temps, sur différentes parties du corps. Les relations sexuelles produisent la libération des hormones du bonheur dans notre organisme dont les principales sont la sérotonine, l'ocytocine et les endorphines. Ces substances permettent de renforcer notre système immunitaire, de réduire le stress, de lutter contre les angoisses qui se manifestent de manière chronique lors d'une dépression. Elles préviennent aussi les risques d'infarctus. Ces substances produites naturellement par notre organisme lors des rapports sexuels agissent également contre la douleur et les tensions.

En couple, se dit-on, il y a cette joie de pouvoir échanger, partager ensemble. « Le jour où je me suis mariée, je me suis sentie soulagée, raconte Plumedepaon, notre psychonaute. Je ne m'imaginais pas pouvoir être heureuse autrement. » La vie à deux, une condition au bonheur ? Pour le psychanalyste Jean-Michel Hirt (*L'insolence de l'amour*, Albin Michel, 2007), « cette aspiration au couple vient de l'enfance. Si ses parents ne s'entendaient pas, on rêve d'avoir une compensation à l'âge adulte. Sinon, on cherche à revivre quelque chose de bon. » Même si nous passons par des périodes de célibat, notre idéal serait donc de trouver quelqu'un avec qui avancer, se construire...

Les dépendants affectifs

On a tous des amis qui ne peuvent pas vivre seuls. Et rencontrent systématiquement le prince (ou la princesse) charmant(e) tant le statut de célibataire leur est anxiogène. Cet ex avec qui vous avez, malgré une rupture déchirante, conservé de très bonnes relations, qui vous annonce qu'il s'est mis avec votre remplaçante car il ne « sait pas être seul ». Cela laisse songeur sur le pourquoi de ce type de relation. Relation pansement ? Sans aucun doute.

En France, où 40 % des foyers sont composés de personnes seules, le couple n'est pas seulement une valeur refuge morale, il facilite la vie d'un point de vue économique. Selon une étude Acxiom, réalisée en 2012, 60 % des célibataires français vivent avec moins de 1 500 euros par mois, sont peu propriétaires, vont moins souvent au restaurant... La vie à deux accroît les ressources, ce qui n'est pas négligeable. Cependant insuffisant pour renoncer à sa liberté. C'est l'élan amoureux qui engage le plus souvent. Et il est sélectif. En principe, tout le monde ne vous plaît pas ou ne vous donne pas envie d'aimer. Ceux qui foncent dans n'importe quelle relation affective sont des dépendants affectifs. Un terme non répertorié en psychiatrie mais qui relève du mécanisme de l'addiction. Selon le psychiatre Christophe Versaevel (*La dépendance affective*, Le figaro.fr, 2018), « le trouble de la personnalité dépendante concerne ceux qui se considèrent comme incapables de se débrouiller seuls. Ou qui ont le sentiment de ne pas être aimés, leur procurant une sensation d'insécurité affective. L'autre est alors utilisé comme moyen de réassurance ».

D'après les spécialistes, il n'existe pas de temps de latence à respecter entre deux amours. Juste un principe de prudence qui enjoint à ne pas se précipiter dans une « relation pansement, destinée à réparer ce que l'on a vécu juste avant avec une autre. » Pour ne pas se tromper sur ses sentiments, le psychanalyste Rodolphe Oppenheimer (*Une vie heureuse réussie*, Marie B, 2018) rappelle que pour construire quelque chose à nouveau, il est important de ne pas chercher compulsivement à se mettre en couple en urgence. Il est au contraire urgent d'attendre pour faire un point avec nous-mêmes.

« Ma rupture a été traumatisante, nous explique Kat, 45 ans. L'homme que j'ai le plus aimé m'a quittée du jour au lendemain, en cinq minutes chrono. En rentrant d'un dîner, il a quitté la maison. Le mode opératoire est aussi violent que la douleur que j'ai ressentie. Un choc ! » Deux ans après la rupture, Kat assume et revendique pleinement son célibat. « J'ai rencontré des hommes, on m'a fait la cour, mais personne ne m'a donné envie de rompre l'équilibre qui est le mien aujourd'hui. Une vraie cure de jouvence. » Qu'en est-il de son ex-compagnon ? « Il a refait sa vie dans les jours qui ont suivi notre rupture. À vrai dire, je le plains. La seule chose qu'il aurait dû faire, c'est de goûter au célibat. Quand je l'ai rencontré, il était en plein divorce, divorce dont il ne parvenait pas à se sortir. Après plus de vingt ans de mariage, son ex-femme lui mettait la misère. Peu réactif, il a subi, résigné, les pires coups bas. Avec naïveté et sans aucun discernement. Enchaîner encore les relations amoureuses, dans son cas précis, me semble suicidaire. Il ne parviendra jamais à se reconstruire. Il ne vit pas. Il est en mode survie. C'est pitoyable et tellement triste. »

La rupture agit comme une grande claque. Violente, douloureuse, parfois imprévisible, elle laisse une marque qui met du temps à s'estomper, y compris chez la personne qui quitte. Une rupture chamboule tout et quand l'état amoureux n'est plus là, il est long et difficile de remonter la pente. Mais est-ce qu'une « relation pansement », littéralement retomber volontairement dans les bras de quelqu'un pour oublier son ex, est vraiment le bon choix ?

Face à la tristesse, aux centaines de questions (« qu'est-ce que j'ai fait ? Comment vais-je m'en sortir ? »), au vide laissé par son amour, chercher du réconfort dans les bras de quelqu'un d'autre apparaît comme le seul remède à portée de main. Si chaque rupture est différente, certain(e)s ont besoin pour se remettre de plusieurs semaines, mois, voire années car une rupture n'est pas seulement un adieu à une personne. Nous disons adieu au couple, aux habitudes, à la vie conjugale, à la tendresse, aux souvenirs et à tout ce que la relation a apporté de bien. L'histoire se raconte dorénavant au passé et c'est cela qui est dur à accepter.

« Un nouvel amour chasse l'ancien » dit l'adage mais dans cet après douloureux, « une relation pansement » a-t-elle forcément du bon ? Peut-elle guérir plus facilement la blessure ?

« La personne que l'on rencontre immédiatement après (voire un peu avant) une rupture douloureuse, cette "personne pansement", va nous permettre de protéger cette plaie ouverte après la séparation, de cicatriser plus facilement », détaille la psychanalyste Fabienne Kraemer (*21 clés pour l'amour slow*, PUF, 2016).

Comme un pansement appliqué sur une coupure, le partenaire pansement aura le rôle de redonner confiance, d'aider et de soulager le deuil de la rupture. Mais pour que cette relation ait un avenir, encore faut-il être au clair avec les raisons qui nous motivent.

Être quitté(e) et se retrouver seul(e) du jour au lendemain peut faire perdre confiance en soi. La rupture a le pouvoir de faire douter de la personne que l'on est. Retrouver directement un nouveau partenaire va aider à retrouver confiance en soi, et à réaffirmer notre pouvoir de séduction. Cette nouvelle relation va nous renarcissiser. « Elle va également permettre une transition physique et sexuelle, ajoute la psychanalyste Fabienne Kraemer. Vous abandonnez votre ancienne relation et vous vous perdez dans une nouvelle ». Une relation pansement va donner l'impression d'aller mieux mais pour un temps seulement.

Le couple reste-t-il la norme ?

Novembre 2009. « Nouveau départ », le Salon du divorce, de la séparation et du veuvage se tient pour la première fois à Paris. Objectif : permettre aux futurs et actuels divorcés de réussir leur séparation. Et surtout, de refaire leur vie. Clubs de rencontres, *coaching* en tout genre – *relooking*, déco, agences proposant des voyages en solo… Après la séparation, un nouveau mariage ? Tout semble inviter ces célibataires à ne surtout pas le rester trop longtemps.

Isabelle a 37 ans. Elle est aujourd'hui seule et sans enfant. « Lors des réunions familiales, je génère de l'indifférence ou de la gêne. Au travail, j'essuie toutes sortes de remarques. Auparavant, cela me faisait bondir. Maintenant, j'essaye de me détacher de ce miroir qu'ils projettent sur moi et qui n'est en rien mon reflet. »

« Quand je me suis retrouvée célibataire à 39 ans après dix années de vie de couple, c'était comme débarquer seule à l'autre bout du monde sans parler la langue locale… j'étais perdue », raconte Sarah.

Aujourd'hui encore, on continue d'attendre du célibataire qu'il trouve un jour sa moitié. Si possible avant d'avoir atteint la trentaine, décennie fatidique pour tous ceux qui ne sont pas encore casés. Quant aux quadras et quinquagénaires séparés, il leur revient de tourner rapidement la page et de retrouver quelqu'un sans tarder. « La pression est en fait beaucoup plus insidieuse, explique Florence Maillochon, sociologue, chargée de recherche à l'INED. Nous sommes élevés dans une idéologie très libre, régie par le culte de l'individualisme. Il n'y a plus d'obligation à former une famille traditionnelle. Mais l'incitation à être en couple demeure très lourde. »

Médias, publicités, sites de rencontres… Partout, c'est l'apologie du couple, qui, dans notre société soi-disant décomplexée, reste la règle. C'est un signe de socialisation et, il faut l'avouer, une façon de se rendre l'existence plus confortable : pour affronter la vie et ses épreuves, pour acheter une maison, partir en voyage ou, tout simplement, aller à l'hôtel, mieux vaut être deux. Dans un monde où tout est conçu pour les couples, « il est difficile d'être seul, ajoute Jean-Michel Hirt (*L'insolence de l'amour*, Albin Michel, 2007). Beaucoup de gens sont convaincus, et je crois à juste titre que la grande aventure d'une vie est une histoire d'amour. C'est ce qui est le plus exaltant. »

On discerne sans mal que des tendances profondes se dégagent, qui transforment autant la manière de vivre sa solitude que celle qui consiste à faire couple.

Quels sont ces mouvements de fond ? D'abord, l'individualisme, qui s'est sédentarisé pour devenir une valeur forte, primant sur les logiques plus altruistes qui prévalaient auparavant ; de même, la profonde évolution du couple, et déjà du statut de chacun au sein de cette entité ; aussi, les modalités d'approches amoureuses ne sont plus tout à fait ce qu'elles furent ; bref, la drague aussi fait sa mue, et vit une révolution.

Le fait est que le couple traverse une zone de turbulences. Il semble plus difficile de le constituer ; d'ailleurs, nombre de célibataires s'en affranchissent en choisissant de vivre seuls, au moins un temps. L'incroyable floraison de films, de séries, d'émissions et de reportages sur les difficultés à vivre tout à la fois seul et à deux ne fait que prendre acte de cet état de fait. Le succès rencontré depuis 2005 par les deux films *Tout pour plaire*, puis *Mariages*, dans lesquels la truculente Mathilde Seigner campe une femme ayant toutes les difficultés à aimer (les hommes en général, puis son mari en particulier), illustre bien cette curieuse et furieuse introspection collective, projetée sur les écrans. Ces comédies sentimentales sont représentatives de la tendance profonde de la société à analyser par le menu les petites et grandes crises du couple et de l'amour, comme pour exorciser des peurs, et mettre en scène des psychodrames que chacun a connus, connaît, ou risque de connaître.

Crise du couple, mariage et divorce. Plus d'une union sur trois débouche actuellement sur une séparation. On a longtemps redouté la septième année de mariage, qui marquait le cap terrible du désintérêt voire du désamour. Les choses se sont accélérées. Car maintenant, c'est vers la cinquième année de mariage que la fréquence des divorces est le plus élevée, 18 % se produisent avant cinq ans, 21 % entre cinq et dix ans après le mariage. De plus en plus de mariages sont même annulés juste avant la noce, à un point tel que le quotidien *Libération* consacrait à ce phénomène nouveau et étrange une pleine page en juillet 2006. Annulations pour cause de peur de l'engagement, ou de dispute entre les deux ex-futurs époux… À l'avenant, on constate depuis quelques années que de plus en plus de couples se séparent aux alentours de la cinquantaine, voire de la soixantaine. L'allongement de la durée de vie, une meilleure santé, la poursuite des trajectoires d'autonomie, les diktats médiatiques et sociaux prônant le jeunisme et la séduction à tous les âges sont quelques-uns des facteurs incriminés. Désormais, les couples ne se sentent plus forcément liés jusqu'à la fin de leurs jours. Et pour cause, à la belle époque du serment pour le meilleur et le pire, on vivait en moyenne vingt à trente ans de moins qu'aujourd'hui. La vie en commun n'excédait guère les deux décennies et demie, quand les baux actuels mènent à des unions dépassant allègrement le demi-siècle.

Et puis le couple évolue aussi sous l'effet de l'évolution des mœurs, des statuts, des techniques et des technologies, même. Ainsi, la reconnaissance de l'homosexualité et de l'homoparentalité, et le succès du PACS (qui concerne *gays* et lesbiennes, mais pas seulement). Ainsi, la montée en puissance des mères célibataires, qui choisissent parfois cet état, ne se contentant pas de le subir. Ainsi, les couples non cohabitants, de plus en plus nombreux, qui surfent sur l'essor de la mobilité professionnelle, et l'effet TGV. Ainsi, les amis-amants, mais aussi les *no sex*.

Nous pouvons également prendre acte des difficultés réelles à entrer en contact, déjà. Crise de la rencontre, marché voire *business* de la rencontre, c'est d'abord avec cela que doivent composer les solos, en quête de l'âme (ou de l'homme)-sœur.

Mais n'oublions pas que les célibataires actuellement trentenaires constituent une génération d'aventuriers, mais aussi de naufragés du cœur, ayant connu maintes histoires, mais aussi maintes déceptions et séparations. Désormais, non plus *une* histoire d'amour, mais plusieurs séquences de vie sentimentale et conjugale successives. Il convient pour autant de ne pas regarder tout cela avec des yeux moralisateurs, en les considérant comme étant superficielles. Elles sont généralement très intenses en émotions. Et d'autant plus, peut-être, qu'on les devine parfois transitoires.

La génération des amours en CDD (contrat à durée déterminée) se caractérise par un désenchantement et une méfiance, autant que par une impatience aux petits (et gros) défauts d'autrui. Alors que les générations précédentes ne se posaient pas ce genre de questions, intégrant la possibilité du meilleur, comme celle du pire.

Alors, les solos papillonnent (et le Net a vectorisé les possibilités à ce niveau), tout en optant souvent pour des modes de collaboration sentimentale et sexuelle intronisant le couple alternatif. Le fait est que l'on aime de moins en moins en CDI (contrat à durée indéterminée), et de plus en plus en CDD. Quitte à renouveler celui-ci régulièrement, par tacite reconduction, ou à rompre le contrat, sans préavis.

Et puis la tendance voit aussi ce couple évoluer du fusionnel au fissionnel, doucement, comme l'explique Serge Chaumier (*L'amour fissionnel. Le nouvel art d'aimer*, Fayard, 2004). Les deux partenaires sentimentaux et conjugaux pensent aussi à s'accomplir hors de leur relation, pour s'offrir des échappées belles personnelles, voire des parenthèses, pensées comme des respirations nécessaires pour pérenniser le couple.

Mais nous n'assistons pas pour autant à la fin du couple prophétisé par les Cassandre médiatiques. Le couple reste encore une norme incontournable, un modèle difficilement dépassable, une valeur-refuge, même, alors que les temps sont violents, économiquement, socialement mais aussi relationnellement. Le mariage garde même une formidable force d'attrait symbolique, comme en témoignent les spectaculaires revendications des homosexuels souhaitant juste convoler, pour faire comme tout le monde, pour se rapprocher de la norme. En fait, c'est la manière de vivre à deux qui a changé. Et de nouveaux modèles sont en train de s'inventer.

Mais on aura compris que la possibilité d'être célibataire à un moment ou à un autre de sa vie est donc de plus en plus élevée. Alors que ce célibat, comme nous le rappelle Jean-Claude Bologne, « n'est plus la salle d'attente du mariage, mais un mode de vie assumé, que reprennent à l'occasion les gens mariés, que reprennent tout naturellement les divorcés, nouveaux venus dans l'histoire occidentale ».

La modernité nous a en tout cas fait goûter à la liberté, celle d'agir, de décider, de voyager, de découvrir, et d'aimer, aussi. Vertigineuse liberté dont les célibataires jouissent à l'envi, exprimant à leur corps défendant un signe des temps, à travers l'incarnation du primat têtu de l'individualisme. Mais il n'y a pas là que de l'égoïsme. Comme un beau dossier du *Nouvel Observateur* consacré aux *single*s le rappelait déjà en mai 2004, « les solos d'aujourd'hui pourraient bien constituer l'avant-garde d'un mouvement irrépressible qui est en train de bouleverser à grande vitesse nos modèles familiaux, amoureux et sociaux ». Alors (re-)gardons le bon côté des choses, cet esprit célibataire est plus que jamais d'actualité en 2020.

Il me semble important d'ajouter ici une note positive. Rappelons que le nombre toujours croissant de célibataires consacre, indirectement, le triomphe de l'amour, plus encore qu'il n'entérine la crise des relations hommes/femmes. En effet, dès qu'on n'aime plus, on part, ce qui n'était pas le cas jusqu'à très récemment, où l'on restait par convenance, et par crainte des pressions familiales et sociales.

Les célibataires assument pleinement leur statut (pour peu qu'il soit transitoire), et cela est nouveau, aussi. Ils savent même faire preuve d'une belle dose d'autodérision, comme en témoigne la vogue des tee-shirts qui les a vus arborer « je suis célibataire », l'été sur les plages et dans les rues. Message ambigu à souhait, entre fière revendication d'une liberté que beaucoup n'ont pas (ou plus) à leurs yeux, et appel à rompre la glace, coûte que coûte, en facilitant le contact, forcément intéressé.

La quasi-totalité des solos vit cette période comme une parenthèse, qui n'est en rien synonyme de vie en pointillé. Les parenthèses, par nature, demandent à être refermées. C'est à ce prix que l'on peut mettre le point final, quand l'une a trouvé l'autre, son pendant complémentaire. Les célibataires sont de plus en plus nombreux ; mais le couple, même en révolution, a décidément de beaux jours devant lui.

CHAPITRE 2
LA RENCONTRE AMOUREUSE

Il faut entre 9 secondes et 4 minutes pour savoir si on aime bien quelqu'un. Entre ce moment précis et le moment où l'on est « en couple », les scientifiques distinguent trois phases : 1. L'envie (sexuelle). 2. L'attraction : on tombe amoureux mais on a toujours très envie de l'autre... c'est la phase passion. 3. L'attachement : c'est là qu'on commence à parler d'engagement. Les trois stades de l'amour en somme. Dit comme cela, ça a l'air très simple. Dans la pratique, les lignes sont bien plus floues en ce qui concerne la phase 3.

Le psychiatre et anthropologue Eric Smadja (*Le couple et son histoire*, PUF, 2011) nous rappelle que le couple est une réalité, vivante et composite, comportant trois secteurs.

Le premier, socioculturel, associe deux partenaires qui entretiennent une collaboration et une coopération économique, assurent ensemble les moyens d'existence du couple et le font vivre.

Le deuxième, corporel-sexuel, rassemble deux personnes sexuées qui ont des échanges physiques, affectifs et érotiques.

Le troisième est psychique. Il comporte trois niveaux : un niveau groupal qui réunit ce qui est partagé par les deux individus pour former le « nous » conjugal (des fantasmes inconscients, angoisses, mécanismes de défense communs). Un niveau intersubjectif, marqué d'ambivalence, où deux

« moi » s'affrontent avec leurs histoires, leurs fonctionnements, leurs mécanismes de défense personnels. Enfin, un niveau individuel au sein duquel chacune des deux personnes engage sa propre individualité dans son rapport à l'autre et au couple.

D'un point de vue grégaire, se mettre en couple, c'est vital pour l'être humain. Comme l'explique le Docteur Bernard Sablonnière (*La chimie des sentiments*, Odile Jacob, 2015), « l'homme a besoin de former un couple pour se reproduire, et il doit durer, car l'enfant a une croissance lente en comparaison à d'autres espèces ».

Du côté des sociologues, on s'accorde à dire que le couple commence lorsqu'il y a un attachement et un minimum de projection. Restent les statistiques. En France, 32 millions de personnes de plus de 18 ans déclarent être en couple. Près des trois quarts sont mariés et hétérosexuels. 22,6 % sont en union libre, 4,3 % sont pacsés. 4 % des couples ne vivent pas ensemble. Plus de la moitié d'entre eux ont moins de 30 ans. La non-cohabitation peut être une phase transitoire, un choix d'indépendance, ou encore une contrainte par manque de moyens (nous y reviendrons).

D'après Isabelle Robert-Bobée, cheffe de la division des études sociales de l'INSEE, on se met en couple de plus en plus tard. On constate également une augmentation des unions libres. La sociologue note que sont enregistrés comme couples ceux qui se déclarent comme tels. Plus ça va, plus ça devient compliqué de savoir où commence le couple. Et surtout, c'est à nous de le décider. Faut-il que le « je » devienne « nous » pour se considérer en phase 3 ? Se voir plus de trois fois par semaine ? Vivre ensemble ? Se parler tous les jours ? Rencontrer sa famille ? Les actes sexuels sont-ils déterminants ? Coucher ensemble veut-il dire que l'on est en couple ? Signer un contrat ? Changer son statut Facebook ?

Selon le sexologue Yves Ferroul (*Le mariage d'amour n'a que 100 ans,* Odile Jacob, 2015), « jusqu'au XVIIIe siècle, on se mariait pour se faire une place dans la société et avoir des enfants. On ne parlait pas d'amour, mais de confiance, de respect mutuel, de devoirs conjugaux. L'amour était un synonyme de passion érotique. On n'en voulait pas dans le couple, car il n'était ni stable ni fiable. On prenait des maîtresses et des amants pour cela. C'est à la fin du XVIIIe siècle et durant le XIXe que la donne change, avec l'indépendance financière, l'éducation des femmes, des logements permettant plus d'intimité donc plus de sexualité. L'homme a alors commencé à la voir comme son égale. Cela voulait dire considération. C'est l'émergence de ce nouveau sentiment qui a fait le lien entre le couple du XVIIIe siècle et le couple aujourd'hui. »

Lorsque l'on interroge Anna Polina, actrice porno, elle nous répond qu'elle se considère en couple lorsque le lien va au-delà du sexe ou de l'amitié. Lorsqu'on impose l'exclusivité et que l'on ne va plus « voir ailleurs ».

Selon Pascal Lardellier (*Les réseaux du cœur. Sexe, amour et séduction sur Internet*, François Bourin, 2012), « on cyber-acte notre relation en se désinscrivant des sites de rencontres et en l'affichant sur nos réseaux sociaux. De la même manière que quand on introduit notre "+1" chez des amis, les réseaux sociaux sont un vecteur d'institution du couple. Et une scénarisation de notre histoire. C'est une façon d'acter une certaine fidélité, puisque l'on s'affiche comme pris(e) ».

Le Docteur Sablonnière rappelle que ce qui fait la différence, c'est l'ocytocine. De manière purement biologique, dopamine et testostérone se chargent de booster le désir et le passage à l'acte. Mais ce qui fait la différence entre un plan d'un soir et une relation, c'est l'ocytocine, l'hormone de l'attachement. C'est dans les six premiers mois d'une relation que son taux est le plus élevé : elle sert à diminuer la peur de l'autre et favorise le calme et le maintien du couple. La chimie des sentiments est contrôlée par le cerveau limbique, le cerveau émotionnel. Mais le cerveau frontal, de la volonté, celui qui commande, intervient aussi et peut prendre le dessus. D'autant que certaines personnes sont plus ou moins réceptives à l'action de l'ocytocine.

Pour Alène Houngbedji, sexologue, on peut considérer que la relation devient sérieuse lorsque l'on enlève le préservatif. On a fait les tests nécessaires, on se fait confiance.

L'important dans un couple, c'est la confiance, notamment quand on aborde la question de l'argent. Patrick Avrane, psychanalyste, évoque dans son ouvrage les dépenses communes (*Petite psychanalyse de l'argent*, PUF, 2015). Chacun fait comme il veut, mais l'important, c'est que ce soit dit, et qu'on soit tombé d'accord, pour que personne ne soit lésé. Être au clair sur les questions d'argent est essentiel à la constitution d'un couple. »

Soudain l'amour… le coup de foudre existe-t-il ?

Dans une interview au *Monde*, Jane Birkin racontait sa première nuit historique avec Serge Gainsbourg. Celle où elle est tombée amoureuse, découvrant derrière l'arrogance du personnage un homme « drôle, charmant, prévenant ». Au Hilton, le réceptionniste a demandé à Serge s'il voulait « la même chambre que d'habitude ». Jane a pris peur. Mais, en arrivant dans la chambre, le temps qu'elle passe à la salle de bains, Serge s'était endormi. Elle est sortie, a acheté au drugstore le disque sur lequel ils avaient dansé toute la soirée, lui a déposé entre les doigts de pied et Jane est repartie. Elle précise alors « j'étais au petit bonheur ».

Au petit bonheur. Sur un petit nuage. Avec des papillons dans le ventre. Des étoiles dans les yeux. Quelle que soit la métaphore appelée à la rescousse pour décrire l'indescriptible, on n'oublie pas ce moment magique où l'on tombe amoureux. Même des années après subsiste l'écho de cette sensation unique d'insoutenable légèreté. L'intensité de ce vertige reste gravée jusque dans ses détails infinis. On se souvient d'un regard, d'un parfum, d'un chemisier laissant apercevoir un morceau de peau… Ce sont des trésors précieux.

C'est le genre d'histoire qu'on aime raconter. Nombreuses sont les soirées entre amis où l'on se pose cette question : « Vous vous souvenez du moment où vous êtes tombés amoureux ? » Regards émus et complices. Évidemment qu'ils s'en souviennent. Mais de quel moment exactement ? Celui où ils ont succombé ou celui où ils en ont pris conscience ?

Love at the first sight. L'amour au premier regard. Soudain et irrésistible. À l'évidence, c'est l'homme, la femme de notre vie. Dès le premier instant, notre cœur s'emballe, notre esprit se met sur pause. Oui, on peut tout quitter sur un coup de tête, pour un coup de foudre, même si on est une grande fille raisonnable.

Tout disjoncte en nous, le bon sens, mais aussi la capacité à suivre le cours normal d'une rencontre : la période de drague, l'attente, le doute. Rien de tel avec le coup de foudre. Il n'est pas rare que l'on consomme le soir même, sans attendre. « Le coup de foudre est un coup de sang, basé sur le regard, l'attirance physique, il est lié au désir sexuel », souligne Jean-Claude Bologne. Ce qui va vite peut s'arrêter aussi sec. Coucher le premier soir, rappelle-t-il, « c'est mettre la charrue avant les bœufs, installer une intimité avant de se connaître un peu. On prend alors le risque d'être mal à l'aise, de faire capoter la relation naissante. »

Pour expliquer ce désir immédiat et incontrôlable, les psychologues parlent de fétiches qui appartiennent à l'histoire personnelle. On craque pour des détails inscrits en nous depuis l'enfance. Une passion pour les yeux verts, une bouche gourmande, une démarche chaloupée… l'image de la femme ou de l'homme idéal se construit avec les rêves, les images mentales et les contes de fées.

L'amour fond sur vous et vous rattrape. Le coup de foudre est quelque chose de si fort, si troublant, si entier, si incandescent qu'il est difficile de lui résister. Il ne répond à aucune logique. C'est une déflagration, une explosion des certitudes. Tomber amoureux, c'est s'abandonner à quelqu'un qui arrive au bon moment pour vous remettre debout.

Tout le monde ne peut pas vivre un coup de foudre. Il faut pour cela croire au merveilleux, à la pensée magique, avoir en tête des fétiches et un idéal bien défini, même inconsciemment. Pour aimer vite et fort, il faut avoir de la fantaisie et une bonne dose de romantisme. Ces amants-là parlent de folie, d'envoûtement, de possession. Liliane, grande brune de 34 ans, nous explique ne pas avoir été en mesure de résister. « Cela a tout emporté, balayé, en quelques jours, j'avais plié bagage et je partais m'installer chez lui, laissant mon compagnon sous le choc. »

Forcément, cela fait de la casse autour de soi. Grande est l'envie de divorcer, de changer de ville, de pays pour pouvoir s'aimer sans entraves. Complètement insensé ? À y regarder de plus près, le coup de foudre ne fait que révéler ce que l'on attend de la vie. Si on est capable de tout quitter précipitamment, c'est signe que l'on n'est plus en phase avec notre vie actuelle, que la routine nous pèse, que nos envies, besoins ne nous semblent pas assez ambitieux. Et qu'on ne veut pas laisser passer une occasion qui ressemble à une nouvelle chance. J.-C. Bologne affirme que l'on surévalue le rôle du hasard dans la rencontre. « Le coup de foudre n'est plus dans ce cas une simple tocade passagère mais une façon de magnifier une banale histoire d'amour. » La flèche de Cupidon vient combler un manque, pointer l'ennui, la faille dans notre vie d'avant. Un rôle qui ne nous convient plus, des habitudes pesantes. Le coup de foudre comme *boosteur*. Autant dire qu'on a parfois tout à gagner à suivre un élan du cœur, autant de promesses de nouveauté et de vitalité retrouvée. Et tant pis si on a tendance à idéaliser l'autre (il n'est pas chauve : il a un grand front intelligent ; il n'est pas radin : il est économe).

Ce qui fait durer une histoire, malgré les difficultés, la pluie et les factures, c'est son mythe fondateur, le roman du couple, ce qui a permis de faire « boom ». Si ce mythe, ce souvenir, est flou et mou, on n'aura aucun plaisir à se le remémorer en cas de coup dur. Il y a fort à parier que la relation continuera sur la même lancée molle et banale. Mais s'il ressemble à une pêche miraculeuse, on aura l'impression d'avoir mis la main sur un trésor. Et cette énergie, cette force viendront combler un début d'histoire qui a brûlé les étapes (drague, attente, doute…) laissant une existence derrière, avec des ex déchirés.

On comptabilise quatre étapes essentielles lorsque l'on souhaite transformer son coup de foudre en coup de génie.

Étape 1 : Le coup de foudre : « je suis amoureux »

La première étape est celle du coup de foudre. L'autre va petit à petit prendre toute la place dans notre tête, dans notre cœur et dans notre vie. C'est à la fois merveilleux, excitant et redoutable. On est amoureux et, en même temps, on a peur d'être maladroit, de tout gâcher, de tout perdre, d'être rejeté. On ose progressivement, on s'aventure, car l'Amour est une vraie bombe qui peut exploser à tout moment. C'est un mélange de craintes, de mystère, de désir, d'enthousiasme, de timidité, de hardiesse, de joie, de peurs, de cache-cache, d'attente, d'espérance folle et d'apprivoisement réciproque.

Étape 2 : L'idéalisation : « j'exulte ! »

On est amoureux et tout prend une belle couleur rose. La joie d'être ensemble est décuplée parce qu'elle est partagée et c'est comme une ivresse, une force, une ardeur infinie. Tout est merveilleux, invincible, on ne pense plus qu'à l'autre, on veut tout faire avec l'autre, on se projette à deux dans un avenir sans nuages où tout est possible. C'est une véritable fusion, les autres, le monde n'existent plus. On ne fait plus qu'un : 1+1=1, on est dans une totale idéalisation de l'autre. On lui prête toutes les qualités. Sous le regard de celui qu'on aime, on est transformé, on se sent plus beau, plus fort, on existe pleinement et on donne le meilleur de soi-même.

Si délicieuse que soit cette étape, il ne faut pas en rester là car l'amour fusionnel et paradisiaque n'est pas l'amour adulte, il est illusoire et ne peut durer toujours.

Étape 3 : La désillusion : « je doute »

Tôt ou tard, le plus souvent au bout de trois ans environ, les amoureux seront contraints de revenir sur terre et de voir la réalité en face, en découvrant l'imperfection de l'autre, ses limites, ses défauts. C'est une phase de déception. Elle est inévitable. On redescend du sommet de « l'amour passion » pour entrer dans le « tunnel du doute » où l'on n'y voit plus très clair. Au lieu de remettre la faute sur l'autre et de l'accuser, nous devrions alors reconnaître avec humilité qu'on l'avait placé trop haut et que l'on rêvait de l'impossible.

Lorsqu'on a atteint ce stade de la désillusion, nous avons le choix entre deux attitudes :

1. Rompre : parfois la déception est telle que l'un des deux partenaires refuse d'aller plus loin. C'est la rupture, souvent très douloureuse pour celui qui se sent abandonné. Le couple se sépare, chacun revient à la case départ, en espérant reprendre son envol avec un autre et trouver « mieux ». Celui qui n'a pas compris que le partenaire parfait n'existe pas risque de passer sa vie à chercher quelque chose d'impossible à trouver.

2. Poursuivre : cette phase de déception, au contraire, va rendre d'autres couples réalistes et responsables, capables de prendre les moyens nécessaires pour construire leur amour dans la durée avec volonté et ils vont rebondir. Il ne faut pas s'inquiéter car c'est l'occasion formidable de réfléchir sur les raisons qui vont pouvoir motiver un choix durable.

La relation va alors pouvoir s'inscrire dans la durée.

Étape 4 : L'adaptation : « je décide »

La déception de la troisième étape peut devenir la chance du couple, occasion de porter sur l'amour un regard plus mature et réaliste. Chacun va prendre conscience que la communication, le conflit lui-même sont des instruments nécessaires pour permettre de s'adapter à l'autre. Nos imperfections vont être génératrices de progrès, nous allons faire des efforts, nous réajuster à l'autre, l'accepter dans sa différence, le respecter. Le couple passe de l'idéalisme au réalisme, du « il (elle) a toutes les qualités » au « il (elle) a des défauts mais je l'aime ». Le couple devient vigilant et actif, capable de communiquer tout en gardant la plus belle des qualités, celle de pouvoir s'émerveiller en se laissant surprendre par l'autre dans ce qu'il a d'unique et formidable. Le couple franchit alors le pont de l'engagement et c'est là qu'il se constitue véritablement car ce qui fait couple, c'est la volonté qu'il a de durer, malgré tout, contre vents et marées.

De toutes les façons, même si cela paraît un tant soit peu pessimiste, rien ne garantit la durée d'un lien, ni la passion, ni la raison. L'amour, c'est du travail. C'est traverser des épreuves ensemble, construire, évoluer. C'est plus difficile de maintenir le train sur les rails que de le faire dérailler. « Tomber amoureux, c'est souvent tomber amoureux de l'amour plutôt que de tomber amoureux de quelqu'un », nous dit Roland Barthes. « C'est très courant et banal. Cela fait du bien. Comme d'aller aux Galeries Lafayette. Cela peut animer une journée, une semaine ou un mois. C'est un soleil portatif. »

Une simple histoire de compatibilité amoureuse ?

L'amour, une attraction irrésistible entre deux âmes conçues l'une pour l'autre ? Pour les sociologues, la réalité est plus prosaïque puisque le C.V. détermine la formation du couple : c'est ce que l'on appelle l'homogamie (nous y reviendrons). Car malgré la mort du mariage de raison, les amants continuent de s'élire dans leur milieu socio-économique. Selon l'Observatoire des inégalités, seuls 2,2 % des ouvriers vivent avec une cadre supérieure, alors que 83 % partagent leur vie avec une ouvrière ou une employée, et 29 % des cadres font leur vie ensemble, tandis que seuls 4 % des bac +5 cohabitent avec une femme sans diplôme. « On aime vivre avec une personne qui partage un mode de vie similaire, de mêmes habitudes de loisir, des centres d'intérêt communs, une même façon de parler », nous rappelle l'étude. Les grandes écoles sont même réputées pour être des agences matrimoniales, 26,5 % des femmes y trouvent leur conjoint, prêtes à former un « power couple ». On peut citer comme exemple Ségolène Royal et François Hollande (20 ans de vie maritale tout de même) et tous leurs semblables.

Sans parler du « showbiz » où l'on n'a pas encore vu d'actrice parader au bras d'un comptable sur tapis rouge. Dois-je rappeler que le film *Coup de foudre à Notting Hill* réunissant Julia Roberts et Hugh Grant est à ranger dans la catégorie des bluettes pour midinettes ? La plus grande star de cinéma (dans la vie aussi) tombant amoureuse d'un modeste libraire londonien… Personne n'ose y croire… Hollywood l'a fait.

Alors, qu'est-ce qui fait que l'on est compatibles ? Des expériences personnelles semblables ? La chimie ? Quelle est donc la bonne formule magique ?

Selon la psychiatre Sylvie Angel (*Réfléchissez avant de divorcer !*, Odile Jacob, 2016), « au début d'une relation, tous les points communs sont valorisés, on s'extasie en cœur : « Ah, toi aussi tu aimes la course à pied ? Toi aussi, tu bosses dix heures par jour ? » On veut que tout converge, et pour cela, on fait beaucoup de compromis… qui deviennent difficiles à tenir sur la durée. Car pour vivre vraiment en harmonie, il faut partager des valeurs communes : sur la gestion de l'argent d'abord, qui est un critère de compatibilité presque plus important que le sexe car vecteur de ses propres valeurs familiales, mais également sur les rythmes de vie car on finit par se disputer sur les moindres projets, jusqu'à la couleur du prochain canapé. Mais si un couple n'a pas de rythmes communs, il peut s'en accommoder quand l'un des deux accepte de laisser l'autre avoir le dernier mot. Même si, à la longue, celui qui renonce accumule les frustrations. La compatibilité est également sujette au nombre de mètres carrés : vivre à deux dans un appartement trop petit fait souvent exploser les couples. Et si les rythmes de sommeil sont incompatibles, par exemple un lève-tôt et une couche-tard, chacun finit par s'épuiser mutuellement et le quotidien devient difficile…

Il faut rappeler à juste titre qu'un projet commun permet de maintenir le couple dans une recherche commune. Cela peut être une passion partagée pour la musique ou les balades en raquette. Tout ce qui permet aux engueulades de cesser dès qu'on évoque ce projet, en passant des heures à chercher ensemble les bonnes raquettes par exemple. Ce projet ne doit pas tourner autour des enfants car il met en cause des affects profonds, objets de conflits, les enfants étant voués à partir. Le projet commun est aussi une complémentarité saine. Lorsque l'on est névrosé, en revanche, on cherche inconsciemment une complémentarité névrotique. C'est la femme ou l'homme qui aime se plaindre et va trouver un partenaire qui la ou le maltraite pour entretenir sa plainte, ou une déglinguée qui va trouver quelqu'un pour s'en occuper comme un parent. La complémentarité névrotique peut durer des années si l'on ne fait pas de thérapie.

Alice Tétaz, chargée d'études chez IPSOS, confirme que dans les sondages, la compatibilité reste tournée vers des valeurs traditionnelles. Pour qu'un couple fonctionne, tous plébiscitent d'abord la confiance (35 %), la complicité (31 %), la fidélité (30 %), tandis que le rire (7 %), la passion (5 %) ou l'écoute (10 %) sont loin derrière. La sexualité ne sort qu'en 5e position : 24 % des hommes contre 15 % des femmes la disent indispensable, ce qui marque une vraie différence de point de vue.

Les Français valorisent également l'indépendance : 52 % disent qu'il faut aménager des moments à soi, mais dans les faits, c'est une autonomie relative et stéréotypée. Les femmes déclarent faire du shopping seules (71 %), les hommes du sport (54 %), alors que 73 % ne partent jamais en week-end sans l'autre. Ceux qui se réservent des moments à eux semblent plus heureux en couple : 86 % contre 75 % de ceux qui ne font rien seuls.

Chez les 25-34 ans, une génération qui essaie plus de choses telles les rencontres sur les applis, on conserve visiblement les mêmes aspirations que les aînés, et les femmes déclarent que la situation idéale reste d'avoir un enfant, un travail et un toit commun avec le conjoint. Les plus satisfaits de leur vie amoureuse sont les 35-44 ans (79 %) juste devant les 25-34 ans (76 %).

La compatibilité amoureuse est donc un couple de plus en plus fissionnel, mais avec une vision traditionnelle…

L'homogamie reste-t-elle la loi d'airain de la reproduction sociale ?

On rencontre un homme, pile comme on les aime. Cela fait tilt. L'explication sociologique est on ne peut plus simple. Notre œil radiographie, identifie, passe au crible. Michel Bozon et François Héran (*La formation du couple*, La Découverte, 2006) démontrent que l'on scrute d'emblée chez l'autre les signes d'appartenance : vêtements, coupe de cheveux, type de chaussures, élocution, vocabulaire… On cherche à valider dans une check-list le fait que l'autre nous ressemble. Avec tout un système de correspondances normalisé, intégré. Le hasard n'a donc pas grand-chose à voir avec tout cela.

Le mariage a, semble-t-il, perdu son caractère arrangé par les familles. Au fil des décennies, dans la plupart des milieux sociaux, les mariages arrangés se sont raréfiés et les familles se sont effacées, laissant aux futurs époux le soin de régler cette affaire selon leurs goûts et selon leur cœur. De nos jours, le choix du conjoint est vécu sur le mode de la liberté individuelle. Pourtant, ni ce sentiment de liberté ni l'amour n'ont radicalement changé la manière dont le conjoint est sélectionné.

Cela ne signifie pas pour autant que le mariage obéisse aux seules lois de l'amour dénué de correspondance à la concordance économique, sociale et culturelle des milieux des futurs époux. Cette concordance appelée homogamie, c'est-à-dire la formation d'un couple à partir de deux conjoints qui appartiennent à des milieux sociaux très proches (on parle d'hypergamie lorsque le conjoint appartient à un milieu social supérieur, et d'hypogamie lorsque le conjoint appartient à un milieu social inférieur), reste une composante apparemment inébranlable de l'assortiment conjugal (il ne faut pas confondre l'homogamie avec l'endogamie, qui définit le mariage à l'intérieur du même groupe local ou familial). Alors, bien sûr, les contraires peuvent s'attirer. Mais les couples qui durent le plus longtemps, et de façon harmonieuse, sont formés de partenaires qui ont de nombreux points communs. Le dicton « qui se ressemble s'assemble » prévaut. Le principe de l'homogamie, qui signifie « conjoints pareils » (même groupe d'âge, mêmes origines familiales et sociales, goûts musicaux et vestimentaires semblables, valeurs et loisirs communs), est un gage de réussite et de durabilité d'un couple, car il y a moins de zones de conflits. Les conjoints qui se ressemblent ne passent pas leur temps à s'expliquer, à essayer de comprendre la réalité de l'autre, à s'ajuster, à s'adapter...

Ainsi, l'attirance réciproque des futurs époux n'obéit pas aux lois du hasard. N'importe qui n'épouse pas n'importe qui. Pour en revenir au coup de foudre, il faut savoir que la foudre ne tombe pas au hasard, tout comme l'attirance réciproque éprouvée par deux individus. En France, c'est le sociologue Alain Girard (*Le choix du conjoint, une enquête psycho-sociologique en France,* Armand Colin, 2012) qui a été le premier à mener une enquête dans ce domaine : elle montrait de très grandes proximités géographiques, culturelles et sociales entre les partenaires du mariage. Dans une enquête de 1984 portant sur la formation des couples en France depuis les années 1960, Michel Bozon et François Héran ont mis en évidence que le lieu de rencontre des futurs conjoints dépendait largement de leur catégorie sociale. Les deux sociologues regroupent les rencontres autour de trois types de lieux : les lieux ouverts, comme le bal, le café, les fêtes publiques, où se rencontrent principalement les couples de classes populaires ; les lieux réservés, c'est-à-dire des espaces semi-ouverts, tels que les lieux de travail, les associations, les discothèques, où se forment surtout les couples des classes moyennes ; et enfin les lieux privés, cercles limités à la famille et aux amis, où font plutôt connaissance les membres des classes supérieures. Les résultats obtenus lors de cette enquête ont été confirmés par le sociologue Claude Thélot (*Tel père, tel fils ? Position sociale et origine familiale*, Dunod, 1982). Déterminisme social quand tu nous tiens... Tout semble programmé pour que les différents milieux sociaux ne soient pas mélangés. Plus on monte dans l'échelle sociale, plus l'endroit est fermé. Les classes modestes se trouvent dans des lieux publics, faciles d'accès, quand les cadres supérieurs vont tomber amoureux lors d'un dîner privé.

Les chercheurs mettent en avant trois types d'explication à l'homogamie. Tout d'abord, d'un point de vue probabiliste, les individus placés dans des lieux communs (quartiers, écoles, lieux de travail et de loisir), du simple fait de leur appartenance sociale, ont la très forte probabilité de rencontrer des personnes qui ont des caractéristiques similaires aux leurs. Ensuite, d'un point de vue psychoculturel, l'union est encouragée par des habitudes similaires, des valeurs communes, des affinités culturelles, et conditionnée par l'éducation reçue. Enfin, d'un point de vue socio-économique, l'union, fondée ou non sur des sentiments, est déterminée par le désir de préserver ou d'enrichir un patrimoine économique ou social. En ce sens, l'homogamie peut être voulue, par exemple dans les classes sociales les plus favorisées et aisées, ou subie dans les classes populaires. Pour le sociologue Pierre Bourdieu, (*La distinction. Critique sociale du jugement*, Les éditions de Minuit, 1979), l'homogamie est le produit des stratégies matrimoniales qui s'efforcent, à l'image des autres stratégies de reproduction, de défendre les intérêts sociaux des lignées familiales.

Vous l'aurez compris, le lien amoureux possède un contenu social. Le choix du conjoint s'effectue dans des univers de sociabilité déjà segmentés socialement, où chacun a des chances plus grandes de rencontrer des personnes appartenant à son propre milieu. Ainsi, lorsque nous choisissons un partenaire potentiel, nous mettons en œuvre des procédures de classement socialement différenciées. Ce n'est donc pas forcément un hasard si une fille d'instituteur choisit un instituteur pour partenaire. Cela nous éloigne des contes de fées. Jean-Claude Kaufmann (*Sociologie du couple,* PUF, 2004) rappelle que « la révélation de l'homogamie s'oppose à la représentation dominante selon laquelle les couples sont fondés sur l'amour et rien d'autre. L'idéal amoureux, mis en scène dans les feuilletons et les romans, se veut libre de toute pré-définition du futur conjoint. Les princes doivent pouvoir épouser les bergères (ou Cendrillon) ». Traduction : dans la vraie vie, les princes n'épousent pas de bergères. Tout au plus choisissent-ils une actrice…

Le succès des sites de rencontres

Depuis la fin des années 1990, Internet et les sites de rencontres (SDR) métamorphosent les stratégies de séduction. Sur ces sites, chacun devient son propre « cyber-agent matrimonial ».

Un pseudo, une fiche de présentation, un court texte résumant la personnalité et la quête, une photo éventuellement, et voici le (ou la) célibataire prêt(e) à entrer dans le grand bal masqué du « Net sentimental » (Pascal Lardellier, *Le cœur net. Célibat et @mours sur le Web*, Belin, 2004).

Ensuite, on s'écrit des messages, on fait connaissance, on se livre, on se dévoile, on donne le meilleur de nous-mêmes, on ment aussi souvent… Chronophage, la pratique est particulièrement absorbante et nombreux sont ceux qui souffrent de Net-addiction, illustrant à l'envi ce que certains spécialistes décrivent comme « la tyrannie du branchement » (Dominique Wolton) ou l'obsession du lien.

Révolution sociale et amoureuse, Internet constitue une révolution relationnelle, tant les timides peuvent oser ce qu'ils ne se permettraient pas dans la vraie vie. Sur le Net, ils sont affranchis du regard d'autrui et libérés de la pesanteur et de la gaucherie de ces corps dont ils ne savaient que faire avant. Désormais protégés par l'écran qui fait écran, l'anonymat du pseudo et l'absence des corps, bien loin des lieux de représentation sociale, les personnes seules peuvent se permettre toutes les audaces. Quitte à voir se généraliser le *zapping* relationnel théorisé par Pascal Lardellier et l'industrialisation de la drague. Car on passe des un(e)s aux autres sans justification ni explication, et le jeu des messages « en copier-coller » permet de contacter des dizaines de personnes en même temps. Après, il n'y a plus qu'à attendre qu'un partenaire potentiel « morde à l'hameçon ».

Dès les pages d'accueil, les SDR proposent des modes de recherche très performants, caractérisés par un réalisme et un pragmatisme qui tendent à évincer le danger, l'erreur, les errements. Et la logique sentimentale qui s'impose alors est consumériste : réduction des risques, catégorisation des termes de la quête, tentative de mise en adéquation entre ses aspirations et les contours très (trop ?) précis du partenaire idéal et du couple rêvé. Avec, souvent, cette illusion que l'on sélectionne au mieux celui ou celle à aimer, en fonction de multiples critères physiques, sociaux et moraux. Il faut en fait avoir les bonnes croix dans les bonnes cases ? On peut parler de « marketing amoureux » pour reprendre la formule de Pascal Lardellier.

Les femmes et les hommes ayant fait un passage plus ou moins long sur les SDR sont toujours prompts à analyser cette situation que tous ont presque connue. « J'ai échangé avec un type bien sous tous rapports pendant quelques semaines, me raconte Myriam. Il me raconte sa vie, il me plaît. Je sens qu'il se passe quelque chose. La photo de son profil renvoie l'image d'un homme distingué. Tout à fait mon genre, brun, élégant, une barbe bien taillée. Je lui donne rendez-vous un soir en bas de chez moi. Et là, je croise un homme, ventripotent, mal fagoté, négligé… aucune trace de mon bel apollon. Cet homme s'approche de moi et me dit : Coucou Mimi, c'est moi ! Fab06 ! ça va ? Ben, non ça va pas justement ! J'avais l'impression d'être dans un cauchemar ! Il y avait vraiment tromperie sur la marchandise !! Je suis rentrée chez moi en courant ! »

Johanna, Carine et François vivent seuls, et ils sont inscrits sur des SDR. Officiellement célibataires ; mais seuls, vraiment ? Ils ont des amis, des amants ou des maîtresses. Ils sont intégrés socialement, et vivent des aventures qui ne sont pas pour autant des histoires. Mais n'étant pas en couple institué, ils restent des célibataires dans le regard de leurs proches. S'ils ne portent plus le stigmate qui affecta longtemps ce statut (les « vieilles filles » et « vieux garçons » d'antan), ils ne sont pas vraiment dans la norme. Car après tout, on se justifie toujours d'être célibataire (auprès des amis, de la famille, des collègues), mais jamais d'être en couple. Et là est la norme, qui fait donc de vous quelqu'un de « normal ».

Le marketing orienté vers les célibataires surfe sur une tendance contradictoire : il vante l'indépendance, mais vend le couple comme valeur cardinale et horizon vers lequel tendre, puisque celui-ci est son fonds de commerce. Car si l'air du temps et les médias promeuvent l'autonomie et l'épanouissement de l'individu, dans le même temps, on enjoint à ces « solos » de se conformer au modèle du couple. Nombre d'entre eux expliquent la pression douce exercée par l'entourage, les amis, les parents, les collègues, quand ce statut s'éternise. « Se caser », rentrer dans le rang des gens « normaux ». Et scruter les « fiches perso » mises en ligne par les « solos » sur les SDR permet de constater qu'ils sont nombreux à avouer que la solitude est pesante. Il est d'ailleurs savoureux de relever que sur la totalité des inscrits de ces sites, une majorité de célibataires souhaite à toute force revenir au couple, alors qu'une petite minorité (en fait déjà « engagée ») cherche en toute discrétion à en sortir, pour « agrémenter le quotidien ».

Les SDR, principalement fréquentés par des célibataires, ont fortement visibilisé cette communauté souvent caricaturée par les médias. Le premier et le plus cruel des clichés à propos de ces solos consiste à penser qu'ils sont forcément trentenaires, urbains, actifs, aisés et totalement socialisés, ce qui est loin d'être le cas. Car dans les médias et dans les séries télé, où sont les « sans-grades » du célibat, ceux qui sont plutôt âgés, modestes, ruraux, provinciaux, dépressifs ? Où sont les solos vraiment seuls, en fait ? Seul un beau film à contre-courant, *Je vous trouve très beau*, d'Isabelle Mergault, a donné en 2005 un peu de lustre aux « solos » quinquas et ruraux, sous le personnage rustre et attachant d'Aimé. S'en est suivie l'émission à succès *L'amour est dans le pré*, animée par la pétillante Karine Le Marchand. Pour le reste…

Internet constitue en fait un immense second marché de la rencontre, le rendez-vous des naufragés du cœur, et des parcours de vie compliqués qui aspirent quand même à (se) reconstruire, en se recomposant. Sur le « Net sentimental », on parle énormément de ses peines, de ses déceptions, de ses blessures et, bien sûr, de ses espoirs. La matrice technologique console, épanche, elle sert de déversoir, de défouloir, mais aussi de terrain de jeu et d'espace de séduction tous azimuts, reconstituant beaucoup de couples mais en en défaisant pas mal aussi. Mais combien sont-ils là à avouer « avoir une revanche à prendre sur l'autre sexe et sur la vie » ? Ils sont pléthore « en ligne », les blessés du cœur, qui surfent entre ressentiment et sentiments.

Nos villes sont devenues des archipels de solitude, et un appartement parisien sur deux est occupé par une personne seule. En 2020, pour rencontrer autrui, on a massivement recours au « Net sentimental ». Nous sommes entrés dans une société d'« individualisme connecté » (Patrice Flichy). Alors tâchons d'être amis sur Facebook, tentons d'être amants sur Meetic ou amoureux grâce à Points-communs ; et suivez, chers *followers*, ma vie passionnante sur Twitter. Passée l'ironie de principe, il n'y a pas de connotation morale dans cet énoncé. Anecdote révélatrice rapportée par ce couple constitué sur le Net : deux voisins d'immeuble se faisaient face en fumant accoudés au balcon chaque soir, se jaugeant de loin. Si la glace n'avait pas été brisée dans la vraie vie, c'est le détour par le même site qui les fit se rencontrer vraiment, alors que des regards en coin de ce face-à-face crépusculaire, rien n'était vraiment sorti.

Il y a l'individualisme, bien sûr, et puis une profonde crise de la rencontre, sur fond de nouvelle méfiance entre les sexes et de harcèlement, moral et/ou sexuel (#Me Too) ; ou encore une certaine ringardisation de la drague IRL (*In the Real Life*) de plus en plus considérée comme *has been*. Certaines adeptes des rencontres *online* avouent ne plus accorder aucun crédit aux « stratégies d'approche » grandeur nature, pour leur préférer définitivement celles numérisées, qui permettent un contrôle total et sont plus ludiques et bien moins impliquantes. On en a marre, ça devient lassant ? Un clic et c'est fini.

Pour recentrer le propos sur ce qui nous intéresse dans ces pages, l'émergence d'Internet dans les rapports amoureux pose quelques questions importantes : pourquoi des millions de personnes privilégient-elles le détour par des médiations technologiques lourdes et aléatoires pour se rencontrer (et souvent pas), par-delà les possibilités et la simplicité qu'offre « la vraie vie » ? La question pourrait être reposée en béotien : pourquoi aller sur Internet pour faire des rencontres amoureuses, alors qu'*il suffirait* de s'adresser aux personnes en direct ? Comment expliquer ce détour ? Et une fois celui-ci admis, quelles nouvelles formes emprunte la séduction, cette « construction des apparences » engageant habituellement les corps, et qui doit là composer en leur absence ? Comment le regard, l'odeur, la peau, la voix, la présence de l'autre et l'attractivité qu'exerçait traditionnellement le corps se trouvent-ils suspendus et même gommés ? Le site Meetic a commandé un sondage à l'institut OpinionWay en 2011, sur les déclencheurs de l'amour. Massivement, les sondés ont répondu que le regard, la silhouette, l'humour et l'apparence globale étaient à leurs yeux les éléments qui font que l'on tombe amoureux. Or, derrière un écran, seul l'humour peut être perçu, tout le reste étant bien caché. Alors comment peut-on tomber amoureux (et déjà éprouver du désir), en dépit de toutes ces absences ? Enfin, comment les émotions naissent-elles par-delà l'absence radicale de l'Autre, et la présence massive des autres, qui interfèrent sans cesse ? Pour qu'un passe-temps aussi fruste techniquement et aussi pauvre au niveau des sensations connaisse un tel succès, c'est forcément que les millions de célibataires qui s'y livrent en retirent un « bénéfice secondaire », comme diraient les psys. Et ils y éprouvent du plaisir, aussi.

Il y a la drague, il y a l'amour, et il y a le reste. Or, rappelons ce constat d'évidence : nous sommes de plus en plus nombreux à passer chaque jour un temps toujours plus important sur Internet. Il s'agit d'une révolution douce, qui s'est imposée en dix ans à peine, *reconfigurant* des pans entiers de nos vies et de nos relations. La vraie vie migre vers le Net. Car sur la Toile, nous achetons, nous nous informons, nous donnons notre avis sur tout et n'importe quoi, nous draguons, retrouvons des copains et des ex, nous préparons nos vacances et gérons nos comptes, nous jouons, rencontrons virtuellement de nouveaux amis (qui resteront virtuels, ou pas), bref, nous dupliquons là ce que nous faisions auparavant de visu et sans ces écrans. Nous travaillons, bien sûr aussi, en passant une partie importante de nos journées à envoyer des mails et à y répondre. Et la « part relationnelle » de notre « temps-écran » est conséquente, constituant souvent la majeure partie du temps passé *online*. Car connectés au réseau, nous sommes en contact permanent avec des personnes que nous connaissons bien (collègues et « vrais amis »), avec des personnes que nous connaissons peu ou presque plus (anciens copains d'école ou de promo, ex-voisins, contacts professionnels lointains), mais nous communiquons aussi longuement avec des internautes que nous ne connaissons pas physiquement, et qui ne sont souvent que des « pseudos », des « fiches perso » ou des « profils ». Et là est bien l'une des autres grandes nouveautés introduites par le Net dans notre univers relationnel. De la blogosphère aux plateformes de *chat* et autres forums, de la drague « en ligne » aux réseaux sociaux, nous passons chaque jour un temps conséquent à (nous) communiquer via des ordinateurs toujours plus nomades et interactifs. Ils tiennent maintenant dans le creux de la main, et sont connectés partout tout le temps. Les nouvelles machines à communiquer, les smartphones, sont même tactiles et sensibles. Nous leur avons délégué une partie de notre mémoire, et une large part de nos émotions. De moins en moins présents à autrui en face à face, il faut bien reconnaître que nous sommes de plus en plus nombreux à entretenir nos contacts numériques au fil de la journée, et à alimenter ex-amis, copains lointains et amants virtuels de bribes de nous, opinions, coups de cœur, états d'âme, confidences et photos.

Sommes-nous face à une révolution ? Incontestablement, car des rapports sociaux d'un nouveau genre émergent, reconfigurant le statut millénaire de la relation. Longtemps, les corps eurent une prééminence obligée. Avant d'aimer d'amour ou d'amitié, il fallait s'être rencontré pour de vrai.

Or, depuis quelques années, on peut s'affranchir des identités, des corps, du regard d'autrui, ce juge suprême, et des civilités qui fondaient la sociabilité traditionnelle, pour rencontrer et aimer différemment.

Bien sûr, beaucoup d'échanges sur le Net sont purement factuels, et ne font que mettre par écrit ce que le téléphone nous faisait dire oralement. Mais de vraies relations d'un genre nouveau se nouent aussi sur la Toile, engageant profondément les personnes qui y sont impliquées, puisqu'entre elles, il est question d'amour, d'amitié, d'entraide, de confidences, de passions partagées, par-delà l'absence, l'anonymat, et le fait que l'on ne se connaît pas vraiment, ou pas en vrai. Ces relations n'auraient pas existé sans le Net. Il s'agit donc de rapports sociaux d'un troisième type. Or, ceux-ci sont à considérer avec lucidité, dès qu'on y engage son intimité, pour éviter les désillusions, l'exaltation technique un peu niaise ou, pire, le cynisme à la clef.

Les SRC font désormais tellement partie du paysage qu'on a parfois du mal à se rappeler que tout cela a quinze ans à peine, si l'on date à 2002 ou 2003 leur essor, boosté par la généralisation de l'ADSL. Objet de nombre d'articles, de reportages et d'enquêtes, le « Net sentimental » pose encore bien des questions ; ces sites continuent d'intriguer, alors que leurs utilisateurs se comptent par millions. Ceux-ci entretiennent d'ailleurs avec la rencontre en ligne des rapports bien plus passionnels que fonctionnels, au gré des belles rencontres, des grosses déceptions, et des inscriptions/désinscriptions/réinscriptions. Il faut être franc : pour rencontrer, coucher, vivre des aventures, tomber amoureux, se mettre en couple, Internet, « ça marche », indéniablement. Grâce à cet entremetteur technologique qui n'a pas d'égal, chaque jour, des dizaines de milliers de personnes se retrouvent (dans un café, en général) pour assez vite passer aux choses sérieuses : faire connaissance, puis voir si le « plus si affinités » trouve lieu d'être, pour un moment de sexe, de partage de mots, de tendresse, pour commencer une histoire, ou la clore. Et chaque mois, des milliers de vrais couples se constituent, qui feront un bout de chemin ensemble, en signant un CDD conjugal, en principe renouvelable après période d'essai. Ces nouveaux couples viendront compléter la chronique de ces plus belles histoires du Net dont raffolent les médias.

Relevons deux spécificités distinguant le « Net sentimental » de la vraie vie : d'abord, *online*, on ne sait jamais à qui on s'adresse, même si des informations ou des indices (ton, orthographe, style général de la fiche perso...) permettent d'avoir une idée globale à peu près cohérente de l'interlocuteur. Auparavant, les stratégies de séduction étaient toujours orientées vers une personne précise sur laquelle on avait jeté son dévolu ; à la base, il y avait un attrait particulier. Eh bien cette fois-ci, on s'adresse davantage à un autrui très général, quand on met une fiche sur un site, et qu'on attend que les autres membres nous sollicitent en envoyant messages, sourires, *pokes*, bisous virtuels, *flashs*, etc. C'est dans un second temps qu'un tri s'opèrera, et qu'une relation se personnalisera. Les sites de rencontres sont des océans sur lesquels essayent de surnager tant bien que mal des millions de bouteilles à la mer, qui sont autant de bouteilles à l'encre, cherchant à s'ancrer tôt ou tard, sans se briser pour autant les unes contre les autres.

Ensuite, sur le « Net sentimental », le statut partenarial des individus est clairement affiché. Dans la vraie vie, on ne sait pas si les personnes que l'on rencontre sont en couple. Bien sûr, une alliance à l'annulaire est un indice fort. Mais quid de tous ceux qui sont engagés sans pour autant arborer ce signe distinctif ? Dans la vraie vie, le quidam célibataire est masqué ; alors que sur le Net, paradoxalement, il est démasqué. S'inscrire sur un site de rencontres dédié aux solos et indiquer explicitement qu'on est célibataire dans sa fiche perso permet d'entériner ce statut. D'où les réticences de celles et ceux habitant des petites villes de province, et ne souhaitant pas que des collègues ou des voisins les démasquent, et fassent savoir qu'ils cherchent quelqu'un. À l'avenant, sur Facebook, journal intime à Toile ouverte, on indique aussi en couple, ou seul, ou c'est compliqué, informant alors avec une douce hypocrisie qu'on est open à toute proposition.

Prenons maintenant un peu de hauteur théorique, en énonçant trois constats importants, lorsqu'on évoque la rencontre amoureuse en ligne, au sens large.

Le premier de ces constats consiste à redire combien les SDR, qui agrègent des « solitudes interactives » (Dominique Wolton), constituent des dispositifs hyper-narcissiques. Sur ce grand continent verbal qu'est la Toile, on se livre à une textualité débridée, bien plus encore qu'à une sexualité frénétique. Le Net trame d'abord des mots, il est le filtre d'échanges qui sont avant tout écrits. Nous nous trouvons donc face à une mécanique très narcissique, dans l'esprit. Le « miroir mon beau miroir » voyait la princesse du conte se mirer pour s'y voir la plus belle. Pascal Lardellier répond « écran mon bel écran » en écho. Sur Internet, on se raconte beaucoup, on se la raconte souvent, on ne se rencontre qu'accessoirement. Vanessa, 41 ans, constate : « Ce qui m'étonne, c'est la grande timidité de beaucoup, et la peur d'aller vers l'autre... En ligne, je passe plus de temps à discuter sur les relations humaines et la vie des gens qu'à draguer. Et je trouve ça au final très intéressant. »

Penchant naturel des internautes à l'auto-narration, et stratégies pour exister « en ligne », aussi. Sur les profils, tout pousse (et déjà la pression de la conformité) à une mise en mots et en images de soi narcissique. D'ailleurs, recueillir des témoignages sur le premier rendez-vous n'est pas chose aisée. Il existe un décalage entre ce que l'on percevait en ligne et la réalité « vraie » de l'autre soudain présent par son corps, et qui ne peut plus s'abriter derrière des paroles « para-vantant » ce qu'il est vraiment. Précisons en aparté que c'est pour éviter le caractère presque angoissant de la première rencontre que certains sites (Attractive World, Points-communs.com, Elite Rencontre…) proposent des alternatives, en créant des événements entre adhérents du site : sorties culturelles, visites, balades à vélo, pique-niques… Ces événements permettent de dédramatiser les rencontres, car on fait la connaissance d'un groupe de célibataires, et pas d'une seule personne avec qui l'on a rendez-vous, pour « briser la glace ».

Mais le « Net sentimental » est aussi une machine narcissique en réception, car on y reçoit nombre de gratifications caressant l'ego : bisous, coups de cœur, messages enflammés. L'écran, qui fait opportunément écran, permet de se livrer textuellement et de donner libre cours à l'expression de ce que chacun(e) pense être, rêve d'être, ou voudrait être.

Le second constat revient à affirmer que les SDR reproduisent les catégories sociales. En effet, devenir l'ami ou l'amant de quelqu'un en ligne est organisé par le principe endogamique des affinités socioculturelles. Internet, ce n'est pas *Babel Web* (Pascal Lardellier) qui verrait la joyeuse et permanente communion des disparités. Car malgré l'absence des corps, en dépit du fait que l'anonymat est de mise et que les états civils sont momentanément suspendus, tout est organisé par le marché et par les acteurs eux-mêmes pour que chacun(e) rencontre des personnes lui ressemblant.

Une fois la décision prise par le/la célibataire de s'inscrire sur un SDR, il y a le choix du site. Ils sont pléthore, avec leur positionnement respectif. Puis le pseudo à trouver et la fiche perso à remplir, fiche anthropométrique avec sa longue liste de questions conventionnelles. Et on en revient là à cette affirmation selon laquelle Internet reproduit et accentue même les stratifications sociales. Rappelons un constat d'évidence : dans les réseaux numériques, circulent essentiellement des écrits, du texte. Or, ceux-ci, par leur style, leur orthographe, leur maniement des degrés et de références culturelles partagées (ou pas) disent immanquablement et impitoyablement qui l'on est et d'où l'on parle. Le « Net sentimental » est un dispositif discriminant, puisqu'il oblige à écrire, à trouver les mots, à orthographier, à manier les degrés, l'implicite et l'explicite. Or, l'épreuve de l'écrit, pour nombre d'internautes, fait que même en l'absence des corps et des états civils, on devine à qui l'on a affaire ; étant entendu que les références culturelles, les passions, les hobbies mis en exergue sur la fiche aident à cerner assez sûrement l'interlocuteur masqué.

Lors d'une enquête approfondie sur ce sujet, Pascal Lardellier nous livre ce constat : l'étonnant syndrome « des bonnes croix dans les bonnes cases ». Illustration : telle enseignante du secondaire passionnée de lettres classiques, de cinéma coréen, végétarienne, aimant les animaux et militante altermondialiste, qui souhaitait rencontrer un homme rassemblant exactement les mêmes traits, et lui ressemblant point par point. Et la Matrice, féconde de millions de fiches perso, parvenait à docilement et mécaniquement régurgiter quarante ou cinquante personnes correspondant peu ou prou à l'exigeante requête, princes charmants potentiels et virtuels.

Rencontrer « quelqu'un à aimer sur Internet », comme souvent dans la vraie vie, amène à se rapprocher d'individus sociologiquement proches de soi. Loin de la chimère donnant à penser que le Net est l'outil d'une nouvelle mixité sociale (mixité sociale certes présente à la marge, dans les stratégies de recherche conjugale de certaines femmes, orientées vers des partenaires pouvant leur assurer une forme de promotion sociale), la réalité est celle d'une « endogamie numériquement assistée », de points de vue ethnique, religieux, social et professionnel. Et l'évolution du marché des sites de rencontres va dans ce sens-là, voyant leur segmentation se faire précisément sur des bases religieuses, socioculturelles et professionnelles, entre autres.

Le troisième constat partagé avec la sociologue Eva Illouz *(Les sentiments du capitalisme,* Seuil, 2006) permet d'affirmer que les SDR sont de formidables machines à produire des fantasmes, plus encore qu'à faire transiter des sentiments. Bien sûr, une économie des sentiments n'est pas absente des réseaux numériques, puisque là se situe même le cœur du métier. Ça marche indéniablement, lorsqu'il est question de produire des couples se constituant sur la base de sentiments, bien sûr, mais aussi d'affinités socioculturelles partagées, donc. Mais tous ces sites à finalité conjugale constituent d'abord une énorme machinerie produisant et faisant circuler des fantasmes. Car les échanges « en ligne », les images et les confidences circulant sur la Toile possèdent un fondement fantasmatique avant d'être sentimental. En règle générale, les sentiments se nouent entre deux internautes après les fantasmes.

L'évolution des rapports amoureux depuis l'intrusion d'Internet dans nos vies

Des couples qui communiquent par SMS d'une pièce à l'autre, des femmes et des hommes qui gèrent leurs histoires d'un soir avec les applis de rencontres, des images crues envoyées pour draguer… Depuis l'irruption d'Internet dans nos vies, les façons d'exprimer nos sentiments et d'aborder la sexualité ont évolué. S'interroger sur ce qu'Internet a changé à notre vie amoureuse, c'est demander à un poisson ce qu'il pense de l'eau. À de rares exceptions, nous vivons en permanence avec un ordinateur ou un téléphone à portée de main, à portée de cœur. « Avant, l'amour c'était compliqué, depuis Internet c'est pire », affirme Angela, 42 ans, 5 ans de relations en mode grand huit sentimental. Mais l'amour simple, qui y croit encore ? À chaque époque ses épreuves amoureuses. Certains ont connu la guerre, les interdits, la révolution sexuelle, le sida… désormais, ce sera Internet. Et ce n'est que le début.

La partie émergée de l'iceberg, ce sont les réseaux sociaux. Depuis leur apparition, ils occasionnent un tapage médiatique dans lequel il est difficile de discerner sensationnalisme et tendance de fond. Car après à peine quinze ans d'existence, le phénomène reste très mouvant. Pascal Lardellier en a fait les frais. S'il fut l'un des premiers à s'intéresser à la question, son ouvrage paru en 2003 s'est rapidement révélé obsolète. En 2012, il en a donc publié un nouveau, et travaille déjà au troisième. « Une temporalité longue nous apportera plus de justesse, mais il est certain qu'Internet a changé beaucoup de choses dans la manière d'appréhender le sexe et les sentiments ». Il commence par rejeter l'idéal de démocratie amoureuse par lequel les réseaux sociaux ont d'abord prospéré : « La première génération de réseaux sociaux était généraliste, tout le monde pouvait s'inscrire. Pourtant, derrière écrans et pseudos, on voyait déjà une prédisposition des gens à se rassembler avec des gens qui leur ressemblaient. » Le mouvement n'a fait que s'accentuer. En 2005 et 2006 s'est produite une forte segmentation du marché, avec l'apparition de toute une série de sites proposant de s'appareiller sur des bases ethniques, professionnelles, socioculturelles, affinitaires... L'adage « qui se ressemble s'assemble » se vérifie beaucoup plus sûrement que « les contraires s'attirent ». Le concept d'endogamie reste plus que jamais d'actualité, le marché ne fait que le réorganiser.

Baze, Bumble, Raya, les nouveaux réseaux jouent maintenant sur la cooptation ou des droits d'entrée exorbitants. Il y a quelques mois, Bumble a bloqué Sharon Stone (oui oui, celle de *Basic Instinct*) pensant que son profil était faux. Personne n'a voulu y croire. Sharon Stone sur un site de rencontres, pour le commun des mortels, cela paraît aussi incongru qu'une boîte de caviar Beluga dans le rayon frais d'une station-service. Et pourtant, cela est bien réel. Sharon Stone s'est inscrite sur Bumble pour trouver sa moitié. Cela en dit long sur l'amour 2.0. Il y a une dizaine d'années, on avait honte de s'être connus sur Internet. On s'accommodait avec cette réalité à cacher. On dira que l'on s'est rencontré lors d'un concert. Lequel déjà ?! Vite, une idée !

Aujourd'hui, on assume. Tel un Brad Pitt triomphant à la cérémonie des SAG Awards qui, brandissant son trophée, a littéralement enflammé la salle lorsqu'il a annoncé fièrement qu'il allait devoir ajouter ce prix sur son compte Tinder. Info ou intox ? Brad Pitt demain à mon bras... ? Rien n'est moins sûr.

Graphiste, Adrien s'est inscrit sur Raya. « Je me retrouve dans le même réseau que le mannequin vedette Edie Campbell, ce qui me fait une belle jambe. Et quand je repère une fille qui pourrait me plaire, elle est en Australie ou en Californie. »

Ce qui semble évoluer très vite, c'est la teneur des échanges en ligne. En 2003, Pascal Lardellier (*Le cœur Net. Célibat et @mours sur le Web*, Belin, 2004) observait déjà un « néoromantisme technologique ». « Au début, les gens s'écrivaient énormément, puis il y a eu la grande montée de l'image. Maintenant, c'est la photo qui décide. » Ce n'est pas le site Tinder qui nous contredira. Vincent, professeur d'économie de 45 ans, se dit « effaré » par la violence des échanges en milieu numérique : « Il y a moins de civilité, davantage de questions intrusives, du coup, les femmes se mettent sur la défensive, les gens zappent, ne se répondent pas. Bien sûr, des histoires se nouent, mais les gens semblent pris dans une forme de frénésie. Si tu ne réponds pas dans les cinq minutes, les gens t'effacent ! »

Après Meetic, dont le nom contient encore une promesse romanesque, le réseau qui domine est en ce moment Tinder, une application qui mise ouvertement sur la vitesse et la quantité. Je résume : chez Billy Wilder, l'amour durait sept ans, chez Frédéric Beigbeder, trois ans, et sur Internet, parfois vingt minutes. Le protocole amoureux s'en trouve complètement redistribué. À 28 ans, Margot en a fait l'expérience sur Tinder : « C'est vraiment tout et n'importe quoi, les gens n'ont plus aucun filtre. J'ai matché avec un type, on discute, c'est plutôt sympa, et là tout à coup, il m'envoie à la chaîne quinze photos de son sexe. Quelques jours plus tard, il insiste pour qu'on se voie. J'étais avec deux amis, je lui ai dit : bien sûr, pas de problème. Il arrive, très beau cet idiot, et voyant que je n'étais pas seule, il a voulu repartir, mais je lui ai dit : mon coco, tu es capable de m'envoyer des photos de ton sexe, alors maintenant tu dis bonjour à mes potes. Je n'avais pas spécialement envie de le rencontrer, mais c'était rigolo de jouer à l'arroseur arrosé. »

Photographe de mode, Édouard, 45 ans, a pratiqué Tinder jusqu'à l'overdose : « J'ai arrêté de compter au bout de six mois, quand j'ai atteint cent filles. Très vite, on comprend comment obtenir un rendez-vous, et là c'est gagné. Quand j'en faisais sept dans la semaine, j'appelais ça le grand chelem. Il y a un côté ludique au début, mais rapidement ça devient déprimant. » Après avoir creusé un peu, il lâche : « Je venais de me séparer, j'avais peur d'être seul le soir et donc il fallait coûte que coûte trouver quelqu'un avec qui passer la nuit. » Édouard parle aujourd'hui d'addiction : trois cent cinquante filles au total. « J'ai un ami qui est parti en Afrique pendant un mois pour se désintoxiquer. C'est comme une drogue, facile de commencer, très difficile d'arrêter. » On aurait tort de rejeter ce type de récit au registre de l'anecdote. Ce que l'on retrouve ici, accéléré par les nouvelles technologies, c'est la bonne vieille figure de don Juan, que l'on admire en même temps qu'il fait pitié. L'insatisfaction amoureuse est vieille comme le monde. Édouard dit aussi cette jolie phrase : « Ce qui est excitant, c'est le moment où l'on monte les escaliers. On espère toujours avoir un coup de cœur. J'attendais d'être surpris. »

Les réseaux sociaux feraient-ils de nous tous des don Juan malheureux ? Il est vrai que les possibilités infinies qu'offre Internet nous projettent dans une terrible indécision. Et cette réalité ne touche pas seulement les séducteurs en ligne. Sans les fréquenter, tout le monde a maintenant dans un coin de sa tête la possibilité des SDR en ligne, et c'est notre imaginaire érotique qui en est transformé. Le couple a longtemps reposé sur un certain fatalisme conjugal. Maintenant quand ça ne va pas, on a l'intuition de pouvoir rencontrer quelqu'un en trois clics. Cela contribue à plonger le couple dans une zone de turbulences incroyable.

Mais Internet n'est pas seul responsable. Plusieurs modèles concurrencent le couple traditionnel : nouvelles conjugalités, Pacs, mariage pour tous… Le romantisme existe encore bien sûr, mais prévaut désormais une représentation du couple comme partenariat. L'engagement porte sur quelques années, plus forcément sur toute une vie.

Dans son prochain livre, Pascal Lardellier intitulera un chapitre « Les jeux de l'amour et du marché » : « On est dans le libéralisme appliqué aux relations sentimentales. C'est forcément féroce. »

Mais la rébellion s'organise. Sur son compte Instagram « Amours solitaires », Morgane Ortin recense les plus jolis textos d'amour. Ce qui n'était au début qu'un jeu est devenu un phénomène. Elle reçoit plus de trois cents propositions par jour, dont elle publiera une compilation à la rentrée. Ironie de l'histoire, AdopteUnMec.com lui a proposé un partenariat. « Ils étaient provoc au début des années 2000 avec leur imagerie de mec dans un caddie, mais aujourd'hui que ce cynisme est devenu la norme, ils ont besoin de se distinguer en revenant au romantisme. »

Peut-on éprouver un vrai coup de cœur sur Internet ? Samantha en est persuadée : « J'avais déjà connu plein de filles quand je suis tombée sur son profil. Elle avait posté une photo d'une île en Grèce que j'adore, son prénom m'a tout de suite plu et elle a un vrai métier, elle est infirmière. Je ne voulais surtout pas quelqu'un de la mode. Je l'ai rencontrée et ça a tout de suite marché. » Elles se sont installées ensemble, avec la fille de Samantha une semaine sur deux et un chat à plein temps. Après tout, le profil sur Internet n'est guère différent de la réputation qui précède le duc de Nemours à la cour du roi Henri et permet à la princesse de Clèves de le reconnaître dès qu'elle le voit. Tomber amoureux, c'est toujours construire du sens avec quelques signes.

Le plus étonnant est peut-être que l'idéal du couple résiste si bien à la révolution numérique. On lit un peu partout que la nouvelle peur amoureuse n'est plus de se prendre un « vent » mais de s'engager. Et si c'était l'inverse ? Si l'offre potentiellement infinie des réseaux sociaux accentuait le besoin de se mettre à l'abri de cette compétition féroce ? Pour Anna, 30 ans : « J'ai des copains qui quittent une soirée en disant 'j'ai un Tinder'. Ce qui me frappe, c'est que ce sont les mêmes qui deux ans plus tard se marient et font des enfants. C'est comme s'ils baisaient pour le reste de leur vie tout en refusant le risque de la rencontre. Je trouve ça aussi conservateur qu'un mariage arrangé. D'ailleurs, c'est une invention américaine, le pays du puritanisme. Le libertinage français est en train de se faire coloniser. » Anna s'étonne, à l'inverse, des réactions qu'elle s'attire en disant qu'elle préfère rester célibataire. « C'est comme si j'étais malade. Ou hypocrite. Il y a une pression très forte pour rentrer dans le rang. »

Le retour du romantisme

Nostalgie des vraies rencontres, quête d'une histoire amoureuse, rêves du coup de cœur… pourquoi en pleine ère des sites de rencontres, nos élans sentimentaux n'ont-ils jamais été si forts ?

Fin décembre 2019, George Clooney, généralement mutique sur sa vie intime, faisait part avec lyrisme de ses sentiments pour la femme qui partage sa vie depuis plusieurs années, Amal Alamuddin Clooney. « Je sais que je suis avec la personne avec laquelle je suis censé être. » Et de confesser qu'il n'attendait rien d'autre de sa femme si ce n'est d'être Amal. « Il n'y a rien d'autre que je recherche. » Un exemple de séquence fleur bleue qui pourrait prêter à sourire s'il n'illustrait pas une tendance émotionnelle plus profonde : le retour du romantisme. À rebours de la logique consumériste des SDR, tout se passe en effet comme si la romance, la vraie, revenait peupler notre imaginaire désenchanté à force de rencontres sans lendemain.

Comme si ces sites Internet aux slogans engageants et autres applications de drague géolocalisée façon Tinder avaient en réalité produit l'effet inverse. De fait, d'après une étude de l'INED de 2013, seuls 7 % des couples seraient tombés amoureux sur Meetic ou un de ses concurrents. Des chiffres loin des stéréotypes sur la supposée frivolité amoureuse de notre époque. Mais comment comprendre l'irrésistible montée de ce climat sentimental alors même que tout semble fait pour nous transformer en amants au cœur froid ?

« La vérité, c'est que cette culture du zapping relationnel a fait son temps », explique Amanda, 34 ans. Après s'être immergée plusieurs mois durant dans Tinder et avoir enchaîné quelques relations sensuelles sans conséquence, cette rédactrice a fini écœurée par cette culture d'abattage. « J'en avais marre d'avoir le sentiment d'être dans un supermarché. Pour moi, ce sont des rapports angoissants. Je te choisis, je te *like*, on se demande si ça va, et on couche. Rien ne me paraissait naturel dans ce consumérisme effréné de mecs. » Résultat : Amanda s'est résolue sans trop de difficultés à clore son compte du jour au lendemain pour renouer avec l'incertitude des rencontres non programmées. « Là, je fréquente un homme avec qui je ne suis pas complètement en couple, mais on se découvre l'un l'autre depuis quelques semaines. Je crois qu'il y a un retour aux choses qui nous rassurent, aux relations amoureuses apaisées et saines. »

Amanda est loin d'être la seule à ne plus se satisfaire de ces romances dénuées de grâce. Si on en juge par une récente étude IFOP, 30 % des internautes avoueraient aussi être en manque de vraies rencontres. La romancière Ariane Charton va plus loin : « Aujourd'hui, nous sommes dans une monstration du romantisme, on le met en scène, on l'expose sur les réseaux sociaux car il est devenu si précieux qu'il parachève une certaine forme de réussite sociale. » Même la chanteuse Lana Del Rey s'y est mise. Le titre de son dernier album, *Honeymoon*, est éloquent. « La lune de miel, je suppose que c'est le mot qui résume le rêve ultime », expliquait-elle à *V Magazine*.

Nous assisterions donc à un retour de l'histoire amoureuse. « On est comme en état d'urgence sentimental, confirme Fleur, enseignante. À force de vivre dans une société de la dé-liaison permanente et d'avoir entendu que l'amour ne serait plus jamais comme avant, on l'envisage désormais comme une utopie qu'on a laissée s'échapper et qu'on aimerait voir revenir. » Après deux vraies relations et quelques flirts numériques sans conséquence, Fleur a longtemps été persuadée que ses vraies relations étaient derrière elle. Elle a fini par se retourner contre ce fatalisme sentimental qui la faisait envisager avec un profond spleen ses nouvelles rencontres. « Les trentenaires et quadras de 2020 sont la première génération d'enfants pour qui la souffrance affective originelle est le chagrin d'amour », analyse la psychanalyste Fabienne Kraemer (*21 clés pour l'amour slow*, PUF, 2016). « D'où, en réaction à cette frustration insupportable pour eux, la mise en place d'un mouvement d'anesthésie à l'amour qui, aujourd'hui, trouve enfin ses limites au point d'opérer un mouvement inverse. »

Un élan nostalgique proche du tube planétaire de la chanteuse Adèle, célébrant le rétro-amour (Titre : *Hello*, 2015). Selon un sondage publié sur le site WhatsYourPrice, plus de 60 % des femmes interrogées auraient rappelé leur ex après l'écoute du morceau.

Ce besoin de romance est un moyen d'échapper au cynisme, au désengagement, à la dispersion amoureuse qui caractérisent l'époque, et que notre usage d'Internet encourage.

Plusieurs sites apparus ces derniers mois jouent d'ailleurs la carte de la rareté, créneau baptisé « *slow dating* ». C'est le cas de Once qui se propose de vous présenter chaque jour une seule et unique personne différente. Encore plus radical, 8 puissance 8, après un bref questionnaire censé dessiner les contours de votre personnalité, cherchera pour vous celui ou celle qui doit vous correspondre en tous points.

Signe des temps de ce grand retour fracassant du romantisme : la réactivation des petites annonces façon *Libé* dans leur version électronique.

Mais pour les esprits rêveurs, voici ce qui vous fera redescendre de votre nuage. D'après une étude réalisée en 2014 auprès de 2 000 Britanniques, à l'occasion de la publication du best-seller de Graeme Simsion *Le théorème du homard*, une jeune femme ne trouverait généralement l'amour, le vrai, qu'après avoir embrassé une quinzaine d'hommes, couché avec quatre coups d'un soir, vécu deux longues relations, subi quatre rendez-vous apocalyptiques, avoir été trompée par au minimum un partenaire et eu le cœur brisé au moins deux fois.

Dans ces pages, nous n'avons jamais soutenu que l'amour n'était qu'une partie de plaisir.

CHAPITRE 3
L'UNION LIBRE

Toi, moi et deux toits ?

Être ensemble sans vivre… ensemble. De plus en plus de couples, trentenaires ou quadras, choisissent cette solution ou la subissent. Selon l'INED, 18 % des couples, mariés ou non, n'habitent pas ensemble. Dans deux tiers des cas, cette situation est due à une contrainte professionnelle : changement de société, mutation…

Selon le sociologue Serge Chaumier (*L'amour fissionnel, le nouvel art d'aimer*, Fayard, 2004), statistiquement, on observe deux choses. Il y a plus de couples non-cohabitants (CNC) chez les cadres supérieurs. Cela s'explique logiquement par le fait qu'il est plus facile de se loger. Plus le niveau d'études est élevé, plus les partenaires sont autonomes. On affirme un territoire séparé, on veut vivre des choses l'un sans l'autre. Dans les milieux défavorisés, on fait généralement des études moins longues, on démarre plus vite dans la vie active, on a moins de moyens, donc on se pose certaines questions plus vite, comme celle de vivre ensemble. Plus on monte dans les classes sociales, plus le célibat est un célibat choisi.

On parle également des L.A.T. (pour *Living Apart Together*, c'est-à-dire littéralement « vivant ensemble séparément ») ou des intermittents du couple. Les chercheurs ont constaté que les couples qui se voient le plus ne sont pas forcément ceux qui partagent le plus de choses. L'exemple fourni par le sociologue François de Singly est éloquent. Alors qu'il était en train de rédiger son ouvrage *Libres ensemble. L'individualisme dans la vie commune* (Armand Colin, 2005), il a demandé à ses étudiants de consigner sur un petit carnet ce qu'ils font avec leur conjoint. Le résultat est étonnant : autant ces jeunes couples se donnent des occasions de rencontre quand ils n'habitent pas ensemble (un dîner au restaurant, un cinéma, une promenade…), autant ils partagent peu d'activités dès qu'ils s'installent sous le même toit. Ainsi donc, plus on passe de temps ensemble, moins on a d'activités communes. Mais est-ce bien sérieux tout cela ? À en croire les spécialistes, loin d'être des couples « light », les couples intermittents sont des hommes et des femmes qui s'engagent. Et « loin du mariage à l'essai, il s'agit bien d'une alternative au mariage », certifie Jean-Claude Kaufmann dans *Sociologie du couple* (PUF, 2003).

Même si cela paraît simple sur le papier, il faut parvenir à le gérer. Serge Chaumier nous confirme qu'il faut résister aux pressions sociales car un couple non-cohabitant ne rassure pas. La société n'aime pas cela. Et puis, avoir deux appartements est un investissement financier important. Choisir de s'aimer mais de vivre séparément demande une plus grande maturité du couple. Il faut parler, échanger beaucoup plus. Comme on ne maîtrise pas l'autre, la confiance est indispensable. Ce qui semble d'ailleurs plus positif, car la relation est basée sur la confiance, et non sur la surveillance. Et le sociologue de rappeler : « Dans un couple fissionnel, on partage un certain nombre de choses, on va au cinéma ensemble, on voit des amis… mais on ne partage pas tout. Il y a le terrain partagé où l'on fusionne, et le terrain où chacun garde son espace de vie, ses sorties, ses activités. Le fait de vivre chacun chez soi est une des formes les plus poussées de la fission. »

Qu'en est-il lorsque l'éloignement est imposé par le travail par exemple ? Couples « TGV », couples à distance, couples turbo... Les qualificatifs ne manquent pas pour parler de ces salariés qui ne vivent pas ensemble, du fait de leurs emplois éloignés. Pas facile de vivre une vie de couple réduite aux seuls week-ends et vacances. Habitués à gérer des emplois du temps compliqués, ces intermittents géographiques échappent de facto à la routine. Il est vrai que vivre loin l'un de l'autre au quotidien permet de garder son indépendance, sa liberté, tout en s'investissant à fond dans son job, confirme Alexandre, 35 ans.

Mutations, délocalisations, chômage poussent parfois à accepter ce nouveau mode de vie. Les jeunes sont les premiers concernés. Une enquête de l'APEC (Agence pour l'emploi des cadres) montre qu'ils n'hésitent plus à faire du chemin pour décrocher un contrat à durée indéterminée dans la branche de leur choix. Une autre analyse, réalisée par le CEREQ (Centre d'études et de recherches sur les qualifications), révèle que ces nouveaux nomades sont plutôt bien formés, souvent ingénieurs ou diplômés d'écoles de commerce.

Nombre de sociétés alimentent ce phénomène de couples intermittents en proposant une nouvelle forme d'expatriation : « *l'eurocommuting* », littéralement « euronavette ». Il s'agit de missions courtes de trois ou quatre mois dans une ville européenne, située à quelques heures d'avion ou de train, avec un billet de retour payé tous les quinze jours. Selon l'INSEE, plus de 18 8000 salariés européens seraient déjà concernés par cette forme d'expatriation désormais en plein essor. Voilà trois mois que Hugo travaille à Bordeaux, dans une banque. À 27 ans, ce diplômé de l'École supérieure de commerce de Paris a décidé de s'ouvrir à d'autres horizons. Ras-le-bol de Paris ? « Non, mais je ressentais le besoin de bouger, sans ralentir pour autant ma carrière. Ma direction m'a proposé ce poste de conseiller fiscal. J'ai tout de suite été emballé. D'autant que j'ai signé un contrat d'un an, renouvelable. Mais il existe un point sensible… ma femme, journaliste dans la presse écrite, a été dans l'obligation de rester à Paris pour son travail. Alors, inutile de vous dire que nous connaissons sur le bout des doigts les horaires de TGV. Si un jour, la situation devenait trop difficile à gérer pour elle comme pour moi, alors nous prendrions la décision qui s'impose, c'est-à-dire mon retour sur Paris. »

L'union libre et le PACS seraient-ils en train de « tuer » le mariage ?

L'institution du mariage (union légale d'un homme et d'une femme) a pour principales fonctions de stabiliser les couples, de désigner la descendance légitime avec les conséquences que cela entraîne pour la définition des relations de parenté et la transmission des biens. Tout le monde se souvient des (més-)aventures du prince Albert II de Monaco et de ses enfants illégitimes. Depuis des années, on ne cesse de nous répéter que le mariage ne séduit plus, qu'il sert uniquement de cadre social, juridique et moral.

Il est vrai que les couples ont désormais le choix entre ces trois statuts : l'union libre, qui ne comporte théoriquement ni droits ni devoirs ; le Pacte civil de solidarité créé en 1999 (le PACS), qui impose aux partenaires une aide « mutuelle et matérielle » mais qui peut être dissous très simplement ; et le mariage. Autant dire tout de suite que les sociologues ne donnaient pas cher de la peau de ce dernier. Mais contre toute attente, il affiche une belle santé : en 2016, 192 000 PACS ont été conclus, soit 3 000 de plus qu'en 2015. La hausse de PACS est continue depuis 2002. Le PACS s'est installé durablement sur la carte sentimentale française. Au vu de ce succès, nombre de chercheurs étaient persuadés que ce nouveau statut proposé aux couples s'avérerait rapidement meurtrier pour le mariage. Déjà court-circuité par l'union libre, ébranlé par l'explosion des divorces… Mais les pessimistes se sont trompés. Non seulement le PACS n'a pas tué le mariage mais, contre toute attente, il l'a relancé. Comme en économie, la concurrence a eu du bon et ceux que l'on présentait comme deux rivaux cohabitent en bonne intelligence. La liberté de choisir en a fait un bel objet de désir. Aujourd'hui, le mariage, c'est la dernière grande aventure. Une idée un peu folle mais tellement romanesque. Les séparations et autres divorces par consentement mutuel offrent paradoxalement une rassurante porte de sortie et permettent de se désengager plus aisément. Se marier, ce n'est plus entrer dans une prison puisqu'on peut s'en échapper sans trop de difficultés. Voilà le nouveau mariage, libre et décomplexé.

Ce nouveau mariage est fondé sur le symbole de l'amour avant tout. Même si nous sommes conscients et lucides face aux probabilités de séparation, nous continuons à y croire. Car le mariage ne crée plus le couple, ne fonde plus la famille, n'inaugure plus la vie sexuelle, ne donne plus l'indispensable ticket d'entrée dans la vie adulte, pas plus qu'il ne procure (ou rarement) la moindre reconnaissance sociale supplémentaire. C'est donc sur le symbole d'un amour intense, différent des aventures et des expériences, qu'il a bâti sa légitimité. Bien entendu, il y a des mariages idiots, des mariages ratés, des mariages risqués, et même des mariages de raison, mais il n'y a pas de mariage cynique à durée indéterminée, nous y reviendrons dans ces pages. La décision de convoler en justes noces scande plus que jamais un acte gratuit.

La grande ambiguïté consiste à croire que les relations aujourd'hui sont tellement libres, affranchies de toute dépendance, qu'il n'y a plus besoin de reconfirmation du lien, de réassurance. Le revers de ce malentendu semble être un taux important de séparations et de divorces. Et, comme le dit le proverbe chinois, « le mariage est comme une ville assiégée : ceux qui sont dehors veulent y entrer, et ceux qui sont dedans veulent en sortir ».

Le *sex-friend* ou le parfait partenaire d'un non-engagement

« Le *sex-friend,* partenaire idéal ? » titrait le *Elle Magazine* d'octobre 2019. Quelque part entre le plan cul et l'amour, les amitiés sexuelles redistribuent les cartes du jeu amoureux. Plus pragmatiques, elles écrivent un romantisme d'un nouveau genre.

D'un côté, on se rencontre, on se séduit, on fait l'amour. Bienvenue dans le récit amoureux qui mène directement au mariage et à la recherche d'une place en crèche.

De l'autre côté, on se rencontre, les fluides s'échangent sans sentiments et on rentre chez soi. Bienvenue chez les ratés du cœur, les adeptes du sexe sans lendemain.

Entre les deux, il y a une autre catégorie, celle du *sex-friend*, aussi appelé « pote de baise » ou « plan cul régulier », ce bon ami qui nous veut du bien, avec lequel on partage nos nuits mais jamais nos jours. Après trois ans de mariage, un enfant, Carole, 34 ans, nous parle de Maxime, son *sex-friend.* Une histoire qui semble-t-il lui a mis du baume au cœur, lui servant de refuge entre deux déboires amoureux. « Je sortais d'une rupture difficile, je n'avais pas envie de me remettre en couple. Maxime est un ami de longue date, on a commencé à coucher ensemble en fixant des règles claires : pas de jalousie, pas d'exclusivité et l'obligation d'arrêter si l'un d'entre nous s'engageait dans une histoire plus sérieuse. Cette relation est réconfortante, légère, m'évite de perdre confiance en moi. »

Selon Jean-Claude Kaufmann (*Sex@amour,* Armand Colin, 2010), les amitiés sexuelles naissent d'une époque en proie aux paradoxes amoureux. « Avec le développement des réseaux sociaux et des applications de rencontres, on observe une certaine forme de banalisation de la sexualité. L'air du temps est plutôt cynique, nos aspirations sentimentales ont du mal à s'afficher. » La psychanalyste Isabel Korolitski confirme que ces amitiés sexuelles sont une façon d'inventer des parades à la solitude et aux injonctions : « Aujourd'hui, il faudrait à tout prix vivre une histoire d'amour et, à défaut, avoir au moins des relations sexuelles. Un *sex-friend* apporte du réconfort et l'impression d'être aimé sans jugement tout en ayant des rapports. »

Le propre du *sex-friend*, c'est qu'il échappe au grand modèle de l'amour tout en évitant le scénario de la débauche donjuaniste. Jean-Claude Kaufmann parle d'un romantisme nouveau, de « petits mondes à soi », entre le romantisme noir du XIXe siècle et les pétales de rose des tour-opérateurs. « Il y a dans les amitiés sexuelles une volonté de s'arracher au monde ordinaire. Elles vont au-delà de l'utilitarisme sexuel, on entre dans le monde de l'autre et on en crée un nouveau à deux, sans franchir le pas de l'engagement dans une relation amoureuse. »

Du *Paradis* d'Orelsan au *One Night Stand* de Janis Joplin, la musique célèbre l'amour passion ou les plans d'un soir. Derrière l'écran, rares sont les amitiés sexuelles qui le restent : Adam et Emma dans le film *Sex Friends*, d'Ivan Reitman, Chandler et Monica dans la série *Friends*, Miranda et Steve dans la série *Sex and the City*, tous finissent ensemble. Caroline l'admet sans détour : « J'ai commencé à développer des sentiments amoureux pour Patrice. Malgré la liberté de cette relation, j'ai ressenti assez vite une sensation d'insécurité, je me demandais s'il était avec une autre, pourquoi il ne me répondait pas, s'il se lassait de moi. » Pour Isabel Korolitski, le sentiment amical reste une forme d'amour et il entraîne avec lui son lot de déceptions. « On ne lâche pas l'idée d'une histoire d'amour tout en cherchant à s'en libérer. »

CHAPITRE 4
LA VIE DE COUPLE

Les ponts parisiens croulent sous les serments d'amour éternel. Au sens propre comme au sens figuré. Leurs rambardes s'affaissent sous le poids des cadenas dont la clé, jetée à la Seine, est censée symboliser un amour infini. C'est le dernier avatar en date d'une histoire vieille comme le monde, « ils se marièrent et vécurent heureux longtemps », la phrase sur laquelle s'achèvent traditionnellement les contes de fées. Pourtant, ce n'est pas tant le « longtemps » qui compte que sa proximité avec « heureux » : des couples qui s'enkystent dans l'ennui ou l'indifférence, il en existe. Ils constituent même de très forts repoussoirs pour les jeunes amoureux : tout mais pas ça ! Alors que des couples heureux qui durent… Qui, s'il les compte dans son entourage, est capable de dépasser les cinq doigts d'une main ?

Les chiffres parlent d'eux-mêmes. Un mariage sur deux est rompu avant d'atteindre sa dixième année. Devant le vertige de ces chiffres, les couples au long cours sont vus comme des exceptions. « Nos petits-enfants, trentenaires, nous traitent de dinosaures », s'amuse Marinette, 83 ans et 60 ans de mariage l'année prochaine. Des dinosaures ? Plutôt des licornes ou des phénix, ces animaux imaginaires qui peuplent nos rêves.

« L'amour que nous fantasmons, celui qui dure longtemps, voire une vie entière, cet amour-là n'existe pas », résume le philosophe Denis Moreau. « C'est une illusion, une chimère qui nous claque à la figure. » C'est ce que nous serinent sur tous les tons les magazines, les romans, les chansons, voire la biologie. Poètes, romanciers, cinéastes semblent s'ingénier à accréditer l'idée qu'être amoureux ne peut consister en rien d'autre qu'en l'expérience de la passion, que ce type de sentiment est la seule base valable pour un mariage. Que ce dernier peut et doit rendre permanent un tel état d'excitation. Et qu'il est compréhensible, voire normal, de dissoudre une union qui ne parvient pas ou plus à remplir cette fonction.

Pourquoi rester attaché quand on peut se libérer ? Pourquoi travailler à durer si l'on peut changer de partenaire en un coup de clic ? Dans une société de consommation dont le maître-mot est « nouveauté », où l'obsolescence des objets est programmée afin de mieux susciter l'envie de renouvellement, où l'on jette et rejette ce qui semble daté, où le désir lui-même est soumis aux lois de la performance, le couple ne fait pas exception. Un exemple : Frédéric Beigbeder, qui a presque réussi à nous faire croire que le titre de son roman *L'amour dure trois ans* correspond à une réalité.

Pour en revenir à Marinette, 83 ans : « Mon mari et moi avons continuellement tenu le pari de faire de notre mariage une priorité. Nous n'avons rien lâché. Nous avons compris que les unions qui durent n'arrivent pas par accident, mais demandent 365 jours par an d'attention et de travail constants. » Lorsque les couples durables évoquent un travail en parlant d'amour, j'en vois certains avoir brusquement envie de se boucher les oreilles. Amour et travail, n'est- ce pas un oxymore ? Comme l'est la juxtaposition d'amour et de compromis, autre mot qui fait frémir. Et pourtant, une étude réalisée par une équipe de Harvard explique que l'un des marqueurs d'une relation durable réside dans la façon dont les partenaires acceptent de sacrifier leurs propres intérêts et désirs pour ceux de l'autre. Sacrifice. Encore un mot qui, à n'en pas douter, fait fuir les jeunes générations, élevées au bon grain de l'épanouissement personnel. Mais le sacrifice n'a jamais signifié le martyre. Ou uniquement lorsqu'un seul des partenaires se soumet au bon vouloir de l'autre. Comme cette femme qui attend patiemment que son homme rentre du tennis ou de la course à pied.

Mais dès lors que les deux font la moitié du chemin, qu'ils savent donner autant qu'ils reçoivent, le compromis devient heureux.

Couples : de nouveaux modèles

« Tous les indicateurs – nombre de divorces, baisse de la conjugalité, traitement des violences conjugales – démontrent que le couple est une institution en crise, une entité amenée à disparaître », écrit Marcela Iacub, chercheuse au CNRS dans son essai *La fin du couple* (Stock, 2016). Quant à l'écrivaine Virginie Despentes (*Vernon Subutex 2*, Grasset, 2015), c'est avec un humour jubilatoire qu'elle pulvérise notre idéalisation de la vie commune : « Si on veut se mettre en couple, l'important c'est d'être réaliste. Une fille mettable, qui fait à bouffer, qui n'a aucune habitude dégoûtante et te supporte tel que tu es, sans chercher à te mettre au pas et te faire aimer les légumes verts, on ne peut pas en demander beaucoup plus à l'amour. » Radical ? Non, lucide si on s'en tient aux statistiques de l'INED : en France, en cinquante ans, la norme conjugale a laissé place à un certain désordre amoureux : 44 738 divorces pour 35 000 mariages en 1968 contre 12 8000 divorces pour 229 000 mariages en 2018. Depuis vingt ans, le mariage traditionnel a été complété par d'autres formes d'union, comme le PACS – 187 000 en 2017 –, qui incluent les couples homosexuels et le mariage pour tous.

Le couple n'est pas mort, il semble s'être transformé.

Le couple contemporain est donc soumis à un étrange paradoxe : alors même qu'il n'a jamais semblé si fragile, il fait l'objet d'une idéalisation croissante. Ses repères traditionnels s'érodent. Les divorces et séparations atteignent un nombre historique, malmenant l'image du couple éternel. Pourtant, l'envie d'y croire demeure. Et fait nouveau, la vie à deux reste la première source de bonheur des Français, devant la famille, la santé ou les enfants. Dans ce moment charnière, le couple se cherche, se réinvente, et de nouveaux modèles s'affirment.

Une équipe de sociologues dirigée par Jean Kellerhals (*Mesure et démesure du couple. Cohésion, crises et résilience dans la vie des couples,* Payot, 2008) a mené une enquête sur les relations entre conjoints, auprès de 1 500 couples, mariés ou non. Renouvelée à vingt ans d'intervalle, l'étude montre l'influence croissante des valeurs de liberté individuelle et d'indifférenciation des rôles conjugaux ainsi qu'une diversification des modes de vie à deux.

Dans les années 1980, quatre styles de couple se distinguaient ; cinq au début des années 2000 :

- le *style « association »* (29 % des couples) : ce modèle, le plus répandu, reflète les attentes actuelles d'autonomie individuelle. Les membres sont relativement indépendants l'un de l'autre. Les rôles conjugaux sont égalitaires, peu sexués et négociés au quotidien, selon la disponibilité de chacun. Ce type de couple est peu routinier, il reste ouvert aux influences extérieures (amis, famille élargie, connaissances).

- le *style « compagnonnage »* (24 %) : il repose sur la fusion de ses membres (nombreuses activités communes) et l'ouverture sur l'extérieur (relations amicales et sociales riches et variées). Les rôles conjugaux sont peu différenciés : les deux membres partagent les tâches domestiques et éducatives.

- le *style « parallèle »* (17 %) : c'est le modèle le plus proche du couple traditionnel qui prévalait jusqu'au début des années 1970. La femme s'occupe du foyer. Elle adapte ses engagements (loisirs) aux contraintes domestiques. L'homme assume les revenus du couple. Routinier, chaque membre évolue indépendamment de l'autre.

- le *style « bastion »* (16 %) : forteresse imprenable, ce couple repose sur des rôles conjugaux distincts et hiérarchisés selon le sexe. La femme s'occupe du foyer. La routine s'établit au fil des années. Le monde extérieur engendre de la méfiance. Contrairement au style parallèle, les relations entre les membres sont fusionnelles (loisirs communs par exemple).

- le *style « cocon »* (15 %) : ce profil émergent se fonde sur la fusion des membres et un repli relatif sur leur vie familiale. Les rôles conjugaux sont assez identiques, ce qui distingue ce type du style bastion. Les décisions sont prises de manière égalitaire.

Les chercheurs de l'INED confirment que « l'on assiste à une augmentation du nombre de relations amoureuses dans les trajectoires individuelles. La première mise en couple prend ainsi de plus en plus la forme d'une expérimentation d'un mode de vie et s'inscrit de moins en moins dans une perspective éventuelle de mariage et de constitution d'une famille. » Avec la libération sexuelle, les femmes ne s'interdisent plus de vivre plusieurs histoires d'amour : « À peine 7 % des femmes nées en 1950, mais 50 % de celles nées en 1985 ont connu plus d'une union avant l'âge de 25 ans » rappelle Laurent Toulemon, directeur de recherches à l'INED.

Petit rappel des douze lois qui ont transformé le couple (*L'amour. Un besoin vital*, Éditions Sciences humaines, 2016) :

1965 : les femmes peuvent gérer leurs biens, ouvrir un compte bancaire et exercer une activité professionnelle sans l'autorisation du mari.

1967 : la loi Neuwirth autorise la contraception.

1970 : la puissance paternelle devient l'autorité parentale exercée conjointement par les parents.

1975 : la loi Veil permet l'interruption volontaire de grossesse (IVG). Le divorce par consentement mutuel est instauré.

1985 : la notion de chef de famille est supprimée dans la fiscalité. L'égalité est reconnue dans les régimes matrimoniaux ainsi que celle des parents dans la gestion des biens et des enfants mineurs.

1987 et 1993 : l'égalité des parents dans l'exercice parental est confirmée. Elle s'applique quelle que soit la situation des parents (mariés, concubins, divorcés ou séparés).

1999 : le pacte civil de solidarité (PACS) peut être contracté par les couples de même sexe ou non pour organiser leur vie commune. Il peut être dissolu par simple demande écrite d'un ou des deux membres au tribunal ou chez le notaire qui a conclu le contrat.

2002 : les parents peuvent choisir le nom de leur enfant : celui du père, de la mère ou des deux, dans l'ordre qu'ils souhaitent.

2004 : la réforme du divorce assouplit la procédure de séparation. En cas de divorce par consentement mutuel, une seule comparution est nécessaire. Le divorce pour rupture de vie commune est remplacé par « altération définitive du lien conjugal » et peut être prononcé après deux ans de séparation contre six auparavant.

2006 : l'âge légal au mariage des femmes est repoussé de 15 à 18 ans, comme les hommes.

2013 : la loi dite « Mariage pour tous » autorise les mariages entre couples de même sexe et leur donne le droit d'adopter des enfants.

Les règles d'or du couple durable

On ne se lassera jamais des mots d'André Gorz à sa femme Dorine dans *Lettre à D.* : « Tu vas avoir 82 ans. Tu as rapetissé de six centimètres, tu ne pèses que quarante-cinq kilos et tu es toujours belle, gracieuse et désirable. Cela fait cinquante-huit ans que nous vivons ensemble et je t'aime plus que jamais. » Quand le philosophe écrit ce texte, Dorine est malade et condamnée. Le couple se suicide un an plus tard.

Avec l'éclatement des schémas familiaux, la durée du couple n'est plus motivée par les mêmes impératifs qu'autrefois. Quand on décide de persévérer aujourd'hui, ce n'est plus parce qu'il faudrait tenir pour tenir, pour se conformer à la norme, pour des raisons socio-économiques, pour faire plaisir à papa-maman ou encore pour les enfants, mais parce que le long terme est un chemin de plénitude et de liberté, soutient Fabienne Kraemer (*21 clés pour l'amour slow*, PUF, 2016). La psychanalyste nous offre sa prescription pour un couple durable :

Se comporter avec courtoisie l'un envers l'autre

En amour, nous avons tendance à beaucoup suivre nos intuitions, à nous dire que ce qui compte, c'est d'être soi-même, d'être naturel. Mais la spontanéité ne signifie pas qu'il faille se comporter grossièrement. Si nous décidons de continuer, nous devons essayer de nous montrer aussi courtois l'un avec l'autre qu'en société. Nous sommes souvent beaucoup plus empathiques et respectueux à l'extérieur qu'à l'intérieur de notre couple. Cela nécessite parfois de faire des efforts, de nous contenir, de donner le meilleur de nous-mêmes. S'il y a bien une sphère qui mérite cette attention-là, c'est l'intimité. Manifester des gestes quotidiens d'attention, de compréhension, de soutien et d'affection.

Élaborer des projets

Les promesses initiales que l'on peut échanger au début d'une histoire sont très importantes. Continuer ensemble, c'est ne pas hésiter à les remettre à l'ordre du jour si elles n'ont pas été accomplies, les actualiser, en ajouter éventuellement de nouvelles. Chaque projet a un début, un milieu et une fin. Il nécessite un rétroplanning pour voir le jour. Confirmer son engagement dans la durée, cela passe par des actes très concrets. S'asseoir à table et discuter. Trop souvent, nous renonçons. Nous sommes happés par notre quotidien. Nous ne nous investissons plus du tout et nous nous éloignons de nos envies communes. Décider de continuer donne un nouveau souffle, une nouvelle énergie.

Être amis

La réponse de Fabienne Kraemer est sans équivoque. Nous devons être les meilleurs amis du monde. Il faut faire preuve de bienveillance, réapprendre à s'excuser si nous nous apercevons que nous n'avons pas été prévenants. Notre partenaire doit être la première personne vers qui nous tourner pour nous confier et parler de nos difficultés. Bien entendu, il n'apportera pas les solutions à tous nos problèmes, mais s'efforcera de nous aider à les trouver, de nous prêter une oreille attentive, de nous conseiller avec délicatesse. La réciproque vaut évidemment.

Communiquer

La scène de ménage semble appartenir au passé, à une époque où le divorce n'était pas concevable, à une époque où le couple était une sorte d'obligation qui générait une foule de frustrations. L'un ou/et l'autre explosai(en)t à cause des non-dits. Aujourd'hui, on a compris que la communication est au cœur du couple. On peut en discuter ou convenir de se tenir à un principe de « non-scène de ménage », s'accorder sur des signaux d'alerte et s'astreindre à trouver un autre moyen de communiquer.

Instaurer des rituels

Dans ce monde où nous n'avons plus de temps pour rien, les crises naissent aussi parce que nous n'avons plus de temps à deux, ou que nous le gâchons en passant des heures devant nos écrans. Il semble essentiel de s'octroyer des moments à deux, un temps hebdomadaire, sans téléphone et sans autre distraction. Ouvrir ces espaces de dialogue rend possible de traiter divers sujets, agréables ou désagréables. Autre rituel fondamental selon Fabienne Kraemer, se réengager régulièrement l'un avec l'autre. Se rappeler ce qui nous lie.

Le couple doit bénéficier de moments exclusifs et privilégiés, des temps dont les enfants ne font pas partie. Et être célébré par des rituels qui le consolident.

Faire le deuil du « tout »

Nous avons en nous la mémoire d'une fusion avec un « tout », ou l'idée que l'on s'en fait : éternité, perfection, amour passion, amour absolu. Cela nous renvoie à l'enfance. Nous sommes, à notre insu, souvent nostalgiques de ce paradis perdu, ce lieu où la plupart de nos besoins et nos désirs étaient satisfaits. Arouna Lipschitz, philosophe de la relation, rappelle que le problème de la nostalgie, c'est que nous projetons du passé sur du futur. Dans les couples qui durent, chacun a appris à se combler tout seul d'amour. Ils ont des passions propres. Il faut apprivoiser la limite, le deuil du « tout ». Savoir accompagner les changements de cycle, les crises, les remises en question.

L'admiration comme ciment

Mélanie connaît son mari depuis vingt ans, ils sont mariés depuis quinze ans. Qu'est-ce qui fait que ça tient ? L'explication tient en un mot : l'admiration. Chacun s'active dans une sphère professionnelle différente et admire ce que l'autre fait. « J'admire son talent d'organisateur, son dévouement pour les centaines de personnes qui dépendent de lui. »

Le psychiatre Philippe Brenot *(Un jour mon prince... Rencontrer l'amour et le faire durer*, Les Arènes, 2014) soutient que « c'est par l'attachement que l'on passe de l'amour-passion à un sentiment plus durable qui tisse un lien, souvent inaliénable, entre deux personnes. Ce lien est ambivalent car l'attachement soutient, entoure, protège, accompagne mais en même temps, il contraint et parfois emprisonne. C'est le grand paradoxe de l'amour durable : il protège tout en aliénant. Pour que la fusion et la liberté soient compatibles, il faut être suffisamment libre avec soi et en confiance avec la partenaire pour que l'une ne soit pas prise comme une aliénation de l'autre ». Tout l'inverse du message délivré par les cadenas qui alourdissent les grilles des ponts parisiens. L'amour durable est un attachement ouvert, une danse à deux, un ajustement permanent. C'est ainsi que Philémon et Baucis, qui redoutaient d'être séparés par la mort, ont été transformés par Zeus, l'un en chêne, symbole de force, l'autre en tilleul, symbole de fidélité. Deux arbres différents mais côte à côte.

Lorsque l'on tombe amoureux, on a forcément un idéal de vie, de relation. Et on serait tenté de croire qu'une histoire réussie est une histoire qui correspond en tout point à ce fantasme. On se trompe. Car l'autre est là pour bousculer nos projets, nos plans, nos rêves. Il arrive dans notre vie avec son identité, sa complexité, ses échecs, ses rêves. Une histoire qui fonctionne est une histoire qui survit à l'abandon de son idéal. Parce qu'elle se confronte à la réalité, elle aura ses aléas, son chaos, ses imperfections. Mais, elle sera vraie. Le deuxième modèle dont il faut également se méfier tiendrait de l'injonction sociale. Pour « réussir », une histoire devrait forcément se terminer par un mariage et/ou des enfants, l'achat d'une maison. La tentation est tout aussi forte d'adopter cet idéal : la majorité d'entre nous espère trouver en l'amour un refuge en l'autre. Il me semble que l'on fait fausse route. Une histoire d'amour apporte son lot de surprises et d'imprévu. Elle ne peut se construire sans un minimum de prises de risque : les désaccords, les conflits, les chagrins en font partie.

On peut vivre des histoires d'amour extraordinaires, sans jamais correspondre à ces critères de stabilité et de sécurité.

À nos nombreux amours !

Dépassées les appellations hétéro, homo ou bi, aujourd'hui, on parle un autre langage. Connaissez-vous ces mots et leurs définitions ?

- *Les aromantiques* : désigne des individus qui peuvent se passer de relations amoureuses et ne ressentent pas le besoin d'être en couple. Ils ont du mal à tomber amoureux et à s'engager.

- *Les asexuels* : ils n'ont pas ou peu de libido, ne ressentent pas de désir mais peuvent développer des sentiments forts pour quelqu'un.

- *Les autosexuels* : ils sont attirés sexuellement et émotionnellement par eux-mêmes uniquement.

- *Les lithromantiques* : ils cherchent un amour romantique mais ne veulent pas que celui-ci soit réciproque.

- *Les androsexuels* : ils ne sont attirés que par les personnes avec des caractéristiques masculines, cela peut être un homme très viril mais aussi une femme non féminine, par exemple.

- *Les skoliosexuels* : ils ne s'intéressent qu'aux personnes au genre flou, les androgynes ou pas identifiables tout de suite comme étant un homme ou une femme.

- *Les pansexuels* : ils ne se limitent pas à un sexe, homme ou femme, ils sont « ouverts » à tous les genres : homo-, hétéro-, bi-, transsexuels.

- *Les demisexuels* : ils n'éprouvent du désir sexuel que pour leur partenaire de longue date.

Nous pouvons ajouter à cette longue liste les néologismes qui envahissent notre vocabulaire amoureux. Chaque mois, un nouveau mot vient qualifier une micro-tendance de l'amour contemporain. Cela a commencé avec le *ghosting* en 2014, ou l'art de rompre sans donner de nouvelles. Puis il y a eu le *kittenfishing* (exagérer ses qualités sur un site de rencontres pour éblouir sa cible), le *cricketing* (mettre très longtemps à répondre à un texto) ou encore le célèbre *cushioning* (flirter en ligne alors que l'on est en couple. Le but avoué ? Trouver un coussin (*cushion*) où se poser avant de quitter l'autre)…

Certains font sourire comme le *gatsbying*, en référence à *Gatsby le magnifique*, qui consiste à poster une superbe photo de soi sur Snapchat en attendant que sa *target* (cible) la regarde… Ou le *shaveducking* qui relate comment on a repéré en ligne un beau gosse avant de se rendre compte dans la vraie vie que le reste ne va pas. Certains de ces anglicismes font frémir, comme le *love bombing*, tactique de bombardement d'émojis cœur et de textos enflammés pour obtenir la dévotion de l'autre au début d'une relation.

Selon la linguiste Aurore Vincenti, ce lexique, sans doute irritant pour la plupart d'entre nous, appartient à une tendance de fond. « On emploie beaucoup de mots anglais en amour. Parler de *date* plutôt que de rendez-vous est entré dans le langage courant. Mais, en France, nous avons l'habitude de faire un effort de narration quasi littéraire et poétique pour raconter sa vie. Les Anglo-Saxons sont très forts en créations verbales. Ils inventent des termes sans arrêt, quitte à les abandonner le lendemain. Ils sont dans une démarche ludique, alors que les Français ont un rapport à la langue plus pérenne. »

Pascal Lardellier (*Les réseaux du cœur*, François Bourin, 2012) confirme le pouvoir des mots. « On éprouve un besoin de nommer ces stratégies volontaires ou involontaires ainsi que ses désillusions pour mieux les comprendre. Il y a une perte de civilité et une grande violence dans la drague en ligne. Mais nommer permet aussi de faire exister. Ce vocabulaire traduit bien le contexte d'instabilité du couple depuis une vingtaine d'années. L'apparition des nouvelles technologies, des réseaux sociaux et des applis de *dating* a fait exploser le phénomène. Internet est une machine à faire et à défaire les couples. Il n'a jamais été aussi facile de pratiquer le *polygaming*, c'est-à-dire de vivre plein d'histoires simultanément. »

La sexualité des Français

Après une première enquête sur *La vie sexuelle en France*, parue en 2000, Janine Mossuz-Lavau, directrice de recherche émérite CNRS au Centre de recherches politiques de Sciences Po, a repris la plume dix-sept ans plus tard pour réitérer son enquête qualitative en recueillant auprès de soixante-cinq Français de tous âges et de tous milieux sociaux leurs histoires de vie, côté chambre à coucher. Pendant toute l'année 2017, la sociologue est allée à la rencontre des Français pour parler de leur vie sexuelle.

Le premier constat montre que la parole s'est libérée. D'une façon générale, elle explique avoir eu beaucoup plus de facilité à trouver les personnes acceptant de répondre à ces questions. Dans les entretiens eux-mêmes, la parole était plus fluide sur des sujets sur lesquels, autrefois, elle devait poser des questions, tels que la sodomie, la fellation ou le cunnilingus. Enfin, la parole sur les violences subies pendant l'enfance et à l'adolescence s'est aussi libérée. Dans les entretiens, lorsqu'elle a demandé aux individus de raconter comment ils avaient découvert la sexualité, elle a recueilli beaucoup plus de témoignages de violences. « Voilà pourquoi les mouvements #MeToo et Balance ton porc ne m'ont pas étonnée. J'étais sur le terrain durant toute l'année 2017, et j'entendais cette libération de la parole, venant pas seulement des femmes mais des hommes également. Un certain nombre d'institutions productrices de silence comme l'école ou l'Église ont été montrées du doigt, voire mises en accusation, et cela a joué également pour déculpabiliser et donner envie de parler. »

Le deuxième constat montre que la révolution sexuelle n'a pas eu lieu, contrairement à ce que nous disent les magazines féminins, mais a donné lieu à un long processus, qui se poursuit aujourd'hui, de libération de la vie sexuelle. « Cela se voit encore au travers de la bisexualité, assez assumée ; je l'ai vu à la facilité avec laquelle j'ai trouvé des gens, et pas que des jeunes. Il y a moins de culpabilité autour des doubles vies, des aventures », confirme la sociologue.

Le troisième constat montre une dissolution plus rapide du couple. On s'aime et on se sépare plutôt vite. « J'ai rencontré et j'ai autour de moi bon nombre de gens jeunes qui se séparent très vite avec des enfants tout petits. Alors oui, notre époque marque la fin du couple jusqu'à la mort, du couple indissoluble. » « Faire couple » aujourd'hui, c'est être dans une tentative pour surprendre l'autre, lui faire découvrir des choses, partager de la nouveauté. Lutter contre l'usure du désir par le quotidien.

La recette pour rencontrer l'amour selon Janine Mossuz-Lavau ? « Garder les yeux ouverts sur le monde pour décrocher cette "cerise sur le chaos", car quand l'amour arrive, ça ouvre, vous élève, ça embellit tout ».

L'agence nationale de santé publique (Santé publique France) prouve une fois de plus avec son baromètre santé 2016 « genre et sexualité » que les inégalités entre les femmes et les hommes perdurent aussi bien en société que dans les sphères les plus intimes.

L'établissement public français, placé sous la tutelle de la ministre de la Santé, nous apprend que, depuis dix ans, certains aspects de la sexualité des Françaises et des Français n'ont pas changé. Exemple : depuis plusieurs années maintenant, l'âge moyen du premier rapport sexuel des filles comme des garçons tourne autour de 17 ans. En 2016, il s'élevait à 17,6 ans pour les filles, et 17,0 ans pour les garçons. Le rapport souligne cependant que les filles s'initient le plus souvent (près de 50 %) avec un partenaire plus âgé et que leur principale motivation pour passer à l'acte est l'amour ou la tendresse (pour plus de 50 % d'entre elles). Côté garçon, c'est plutôt le désir qui les guide dans leur initiation à la sexualité (pour 47 % d'entre eux).

La sexualité des femmes et des hommes est très différente sur de nombreux points. En moyenne, le nombre de partenaires pour les femmes est de 6 contre 13,9 pour les hommes. Dans ce moyen de calcul, le rapport note que les femmes retiennent surtout les hommes qui ont compté pour elles. Les hommes quant à eux font plus souvent référence à toutes les partenaires avec lesquelles ils ont eu des contacts génitaux.

En dix ans, le rapport aux sites de rencontres a beaucoup évolué dans les pratiques des hommes comme des femmes. En 2006, 2,7 % des femmes et 4,6 % des hommes expliquaient avoir eu recours à des sites pour rencontrer un partenaire sexuel. Dix ans plus tard donc, elles sont 9,3 % à rapporter ce type d'expérience contre 14,6 % d'hommes.

Passé 50 ans, les femmes ont significativement moins de rapports sexuels que les hommes. Les écarts entre les femmes et les hommes s'accroissent au fil de l'âge et sont beaucoup plus marqués chez les personnes qui ne vivent pas en couple. Explications possibles : les femmes vivent moins souvent en couple que les hommes, en raison notamment de la préférence des hommes pour des partenaires plus jeunes et de la surmortalité masculine.

Masturbation, sex-toys, porno, sodomie... À l'occasion d'un sondage, l'Institut français d'opinion publique (IFOP) a demandé à un millier de femmes de dévoiler un pan de leur intimité.

À la lecture de ce sondage, on découvre que les Françaises étaient les championnes d'Europe de la fellation et de la sodomie (devant l'Italie, l'Espagne, l'Allemagne, les Pays-Bas et le Royaume-Uni) avec respectivement 75 % des femmes d'au moins 18 ans pratiquant régulièrement la fellation et 21 % la sodomie. Les réponses des participantes montraient aussi que les Françaises n'étaient pas pour autant ouvertes à toutes les pratiques sexuelles.

Globalement, les femmes sont de plus en plus nombreuses à élargir leur répertoire. En 2012, 64 % avaient déjà expérimenté la masturbation (versus 90 % des hommes), elles sont désormais 76 %, soit douze points de plus. Neuf points de plus également s'agissant du porno sur Internet (tenté par 47 % des femmes) et six points de plus pour l'usage d'un sex-toy (43 %). Près d'une femme sur dix déclare aussi avoir eu une expérience homosexuelle (9 %) alors qu'elles n'étaient encore que 6 % en 2012. 22 % des femmes ont déjà introduit un doigt dans l'anus de leur partenaire. C'est encore loin des hommes, puisque la réciproque est vraie pour 52 % d'entre eux.

Infidélité

Dans un couple, l'infidélité est très souvent un motif de rupture, surtout quand on a promis le contraire. Dans la grande enquête sur la sexualité des Français menée par les sociologues Nathalie Bajos et Michel Bozon, on apprend ainsi qu'au moment d'une séparation conjugale, 46 % des femmes savent ou pensent que leur conjoint avait une autre relation. Selon une enquête de l'IFOP parue en 2016, 49 % des hommes admettent avoir déjà été infidèles contre 33 % de femmes.

1975, c'est la date à laquelle l'infidélité a été dépénalisée. Avant, le mari infidèle risquait une amende, mais seulement si l'adultère avait été commis au domicile conjugal. L'épouse infidèle encourait quant à elle une peine d'emprisonnement de trois mois à deux ans. Selon l'INSEE (2017), l'infidélité est la première cause de divorce en France.

La série *The Affair*, créée par Sarah Treem et Hagai Levi, explore les conséquences de la relation extraconjugale entre Noah Solloway et Alison Lockhart après leur rencontre à Montauk dans les Hamptons, sur la côte est des États-Unis.

Le chaos commence donc au début de l'été dans un restaurant de Montauk, où Noah, enseignant new-yorkais, et sa femme Helen s'arrêtent lors de leurs vacances. Lui est écrivain, elle est fille de bonne famille. Ils vont rendre visite à ses parents à elle, ont quatre enfants, et une vie a priori idyllique. Sauf qu'ils croisent la route d'Alison, une serveuse qui traîne un traumatisme (la perte d'un enfant) qui a ébranlé son mariage avec Cole.

Le destin de Noah bascule dès le premier regard. La nuit de son arrivée, il la retrouve par hasard sur la plage et accepte de la raccompagner chez elle.

Entre Noah et elle, quelque chose se passe. Un quelque chose qui va profondément remuer deux couples, quatre personnes, et plusieurs existences. Un quelque chose qui, comme une pierre sur l'eau, va ricocher au-delà de toute raison, et provoquer des secousses.

En tout état de cause, il n'y a pas de trahison qui ne fasse pas souffrir et ne remette pas en question nos mécanismes profonds. Ils réveillent la façon dont on a été aimé ou pas par nos parents. On s'offense et se blesse à la hauteur de notre passé.

À quel moment commence l'infidélité ? L'écrivaine Amanda Sthers donne son point de vue dans son ouvrage *De l'infidélité* (Plon, 2018). « Je préfère mille fois que l'homme que j'aime couche avec une femme et ne s'en soucie plus, plutôt que d'être obsédé par l'idée d'une femme qu'il ne touchera jamais. C'est dans le fantasme d'un autre corps que réside le germe de l'infidélité. Car c'est un duel perdu. Alors qu'un homme qui a trompé sa femme revient le plus souvent à la maison, un homme qui rêve d'une autre n'est jamais vraiment là. »

Dans l'excellente série *Docteur Foster* de Mike Bartlett, Gemma Foster a tout pour être heureuse. Médecin généraliste réputée de la petite ville de Parminster, elle est mariée à Simon, un promoteur immobilier, avec lequel elle a élevé leur fils Tom, aujourd'hui adolescent. La simple découverte d'un cheveu blond accroché à l'écharpe de son mari remet brutalement en cause la vision idyllique de son union et de sa vie familiale. Simon la tromperait-il ? Un scénario d'une confondante banalité, mais qui tranche avec la subtilité de son traitement et la complexité du tumulte intérieur de son héroïne.

La deuxième saison offre une situation encore plus tendue. Après avoir démasqué son mari volage, Gemma Foster s'est reconstruite grâce à son fils et à son travail. Mais l'ex-banni revient et tente de se racheter pour récupérer l'enfant. Pour Gemma, l'heure de la revanche a sonné. La série passe d'un sinueux suspense chabrolien à un jeu de massacre frontal qui évoque de nouvelles influences.

« Rien n'est plus dangereux qu'une femme blessée » entend-on en voix off. On ne peut pas mieux dire, comprend-on lorsque l'on regarde la série.

Quoi qu'il en soit des lois et des châtiments de ces institutions pénales, religieuses ou civiles, il est une notion commune à tous : l'adultère est vu, jugé, puni comme une faute. L'infidélité est toujours vécue par celui qui est trompé comme une injure. Et si les intentions de celui qui trompe ne sont pas toujours mauvaises, la plus grande des punitions est peut-être plus morale, plus intime et plus douloureuse, c'est celle d'avoir fait du mal à quelqu'un qu'on a aimé. Même un peu.

Dans nos sociétés modernes, chacun se venge comme il peut. Certaines rayent des voitures de luxe avec leurs trousseaux de clés. D'autres couchent avec le meilleur ami de l'infidèle. Les divorces coûteux sont aussi un moyen pour certaines d'exorciser leur peine. Salir une réputation peut parfois suffire.

Ceux qui ont vu le film *Liaison fatale* d'Adrian Lyne, il y a vingt-cinq ans, se souviennent sûrement de Dan Gallagher (Michael Douglas), avocat heureux en ménage, qui ne résiste pourtant pas au charme d'Alexandra Forrest (Glenn Close), l'une de ses clientes. Après un week-end en compagnie de la jeune femme, Dan réalise qu'il commet une erreur et met un terme à leur aventure passagère. Mais Alex ne l'entend pas de cette oreille. L'histoire d'une folle à lier qui harcèle un homme marié et qui tue le lapin de sa petite fille pour le faire bouillir en cocotte a de quoi refroidir la libido.

Quand la bonne épouse soulève le couvercle de la marmite, elle découvre une fourrure blanche marbrée de sang, et elle hurle, en chœur avec le public, même si tout le monde se doutait de ce qui allait arriver.

« Bouilleuse de lapin » est restée une façon très évocatrice de qualifier une femme dangereuse et prédatrice, à l'état mental aussi retors que sa chevelure permanentée. Ne la croyez pas quand elle affirme ne vouloir passer qu'une nuit de plaisir. Ce vagin denté mettra votre vie en lambeaux et ne vaut absolument pas les cinq minutes de sexe torride passées sur l'évier de la cuisine.

Liaison fatale, nommé pour six Oscars (dont celui du meilleur film), a engrangé plus de 150 millions de dollars de recettes. Un quart de siècle plus tard, on serait tenté de croire que ce mélodrame autour des dangers du papillonnage serait sérieusement daté. Pas du tout, illustrant parfaitement notre malaise puritain face au désir sexuel.

Bien plus que la flopée de films du même genre qu'il a engendrés, *Liaison fatale* reste une excellente illustration de notre persistance à vouloir faire porter toute la faute sur la femme dévergondée dès lors que la fidélité conjugale est menacée.

Le film, sorti un an après une enquête controversée de *Newsweek* intitulée « La crise du mariage », selon laquelle les femmes célibataires de plus de quarante ans avaient statistiquement plus de chances de mourir dans un attentat terroriste que de passer devant l'autel (le personnage de Glenn Close a 36 ans), a de quoi interroger…

Croire à la fidélité serait devenu une forme de croyance obsolète. Comme le précise Marcela Iacub (*La fin du couple*, Stock, 2016), « dans un monde où l'on nous exhorte à être sexuellement heureux, où il y a des invitations, des sollicitations permanentes, comment peut-on devenir des ascètes ? On confond trop souvent sexe et sentiment. Aujourd'hui encore, on nage dans l'idéologie de la pute et de la femme honnête. Le sexe ne doit pas être subordonné à l'amour. »

Avec les sites et applis dédiés à l'aventure extraconjugale, les tentations n'ont jamais été aussi grandes.

« 37 ans en moyenne, cadre supérieure, citadine, mariée depuis plus de cinq ans et mère de deux enfants. » Ceci n'est pas une offre d'emploi ni un profil LinkedIn, mais le portrait-robot de la femme infidèle contemporaine, publié par le site de rencontres extraconjugales Gleeden. L'enquête, menée à partir d'un brassage des données du million de femmes françaises inscrites sur la plateforme, apporte quelques éléments cocasses et inattendus à ce portrait : « de signe Sagittaire, 1,65 mètre avec petites rondeurs, personnalité ambitieuse, active, généreuse, indépendante, brune ».

Gleeden a interrogé de manière plus approfondie cinquante-deux clientes sur leurs motivations. Classiques au fond : réveiller une libido en berne, prouver qu'elles peuvent encore séduire ou plaire, ou bien encore avoir le besoin de se sentir exister en tant que femme. La plupart pratiquent une infidélité invisible, afin de préserver leur union. « Contrairement à ce que l'on pourrait imaginer, elles aiment toujours leur conjoint et ne souhaitent pas s'en séparer, assure Solène Paillet, directrice de la communication et du marketing de la plate-forme. Elles ont juste besoin d'un peu d'extra dans une vie devenue trop ordinaire. »

Des motivations assez proches *in fine* de celles de leurs homologues masculins. Et un goût pour l'aventure très hexagonal. « L'amour à la française, s'il fallait le définir, ce ne serait pas la galanterie, mais plutôt l'infidélité », rebondit Maïa Mazaurette, célèbre chroniqueuse de la vie amoureuse dans *M*, le Magazine du *Monde*. Et d'ajouter : « La tolérance relative à l'infidélité est sans doute la seule spécificité française. »

Chez les femmes, en tout cas, le goût pour l'infidélité progresse. En 2001 déjà, d'après une enquête de l'IFOP, un quart d'entre elles, en couple, déclaraient « avoir eu un rapport sexuel avec une autre personne que leur conjoint », contre 39 % pour les hommes. En 2016, elles étaient 33 %. Et 16 % d'entre elles vivaient une relation extraconjugale au moment même de la réalisation de l'étude. D'année en année, l'IFOP a pris l'habitude de nous livrer une photographie complète de l'infidélité en France.

Parmi les statistiques, des chiffres surprenants. On y découvre, par exemple, que 41 % des femmes protestantes déclarent avoir été infidèles au moins une fois dans leur vie. À titre de comparaison, seulement 29 % des catholiques pratiquantes ayant répondu à cette étude ont été infidèles au moins une fois. Y a-t-il plus de femmes infidèles à droite qu'à gauche ? Grâce à l'IFOP, nous pouvons apprendre qu'une majeure partie d'entre elles votent aux extrêmes : Front de gauche, Front national (aujourd'hui Rassemblement national) ou encore Nouveau Parti anticapitaliste (NPA). Alors que seulement 30 % des femmes écologistes s'adonnent à la tromperie. L'un des chiffres les plus bas. Autre statistique marquante : près d'une femme sur deux résidant dans l'ex-région Languedoc-Roussillon a déjà eu un rapport sexuel avec une autre personne que son partenaire au cours de sa vie.

Ces différentes études, menées en 2014 et 2016, montrent également un certain nombre de tendances et d'évolutions. Durant cette période, le nombre de personnes, hommes et femmes confondus, déclarant avoir été infidèles a augmenté. Alors que les femmes étaient 31 % à avoir trompé en 2014, elles sont 33 % en 2016. Mais elles restent moins hardies que leurs homologues masculins, qui étaient 45 % à se déclarer infidèles en 2014, contre 49 % en 2016. L'écart entre les hommes et les femmes semble se creuser d'année en année. Toujours d'après l'IFOP, les candidates à l'adultère vivent en majorité dans l'agglomération parisienne, ou dans des villes de plus de 100 000 habitants. À l'image du portrait-robot produit par Gleeden : ses clientes habitent plutôt dans une ville de plus de 500 000 habitants.

Serait-on plus volage dans les grandes villes que dans les villages ? Voire plus à Paris que dans les autres grandes villes ? Cette fracture entre grandes villes et zones rurales pourrait avoir plusieurs explications. « Le nombre de possibilités de rencontres est plus élevé dans les grandes villes. La grande liberté d'action qu'offre l'anonymat d'une métropole y est pour beaucoup », confirme dans l'étude François Kraus, directeur du pôle politique de l'IFOP. Une analyse que partage Claudine Biland, docteure en psychologie sociale et spécialiste du mensonge : « Peut-être qu'à Paris, les gens sont plus libres par rapport aux mensonges et à l'infidélité, c'est sans doute plus assumé, alors que ça ne l'est pas en région », suppose-t-elle. Ce qui n'empêche pas Gleeden de vouloir s'implanter dans les villes moyennes en France.

Plus le statut social est construit, explique l'étude IFOP, moins on est sensible aux effets de réputation ou au regard porté sur un éventuel écart. « Les individus ayant acquis une certaine respectabilité sociale par leur réussite professionnelle sont moins sensibles aux effets de réputation que pourrait avoir ce genre d'écart de conduite, précise François Klaus. Les milieux professionnels impliquant une forte mobilité ou des rencontres fréquentes favorisent un renouvellement plus élevé des partenaires que lorsque le milieu professionnel présente peu de possibilités de rencontres, comme par exemple les ouvriers à la chaîne. » Cela pourrait donc expliquer le nombre majoritaire de citadins provenant de catégories socioprofessionnelles supérieures inscrits sur le site de rencontres extraconjugales.

Toujours selon l'IFOP, 63 % des Français mariés ou en couple pensent qu'on peut aimer son conjoint tout en étant infidèle. Les valeurs de la fidélité sont moins importantes qu'avant. Les hommes ont toujours joui d'une liberté sexuelle, mais maintenant on prend des permissions et on peut établir des contrats de couple différents. À condition d'être discret : un Français sur trois déclare qu'il pourrait avoir une relation extraconjugale s'il est certain que personne ne soit un jour au courant. Et ils sont presque aussi nombreux à faire croire qu'ils sont célibataires sur les sites de rencontres.

C'est d'ailleurs pour exploiter ce marché prometteur que les frères Teddy et Ravy Truchot, aujourd'hui installés à Miami – comme toute l'équipe de la start-up qui se diversifie désormais dans les sex-toys –, ont créé Gleeden en 2009. Ils se sont rendu compte qu'il y avait un marché propice pour cela. Dix ans plus tard, l'entreprise dit avoir plus de cinq millions de membres dans le monde, dont la moitié en France. Aujourd'hui, elle affiche un ratio élevé d'utilisatrices, avec 40 % de femmes contre 60 % d'hommes.

De là à ce que l'infidélité soit socialement acceptée, il y a encore un pas qu'il ne faudrait pas allègrement franchir. Les êtres humains ont pour règle implicite la confiance. Si l'adultère a toujours existé, l'afficher et l'assumer est une chose plus nouvelle, et par conséquent, plus difficilement acceptée. C'est toujours connoté négativement. Depuis 2015, les Associations familiales catholiques de France (AFC) traquent Gleeden pour incitation à l'infidélité. Selon cette confédération, le site violerait l'article 212 du Code civil, qui précise que les époux se doivent mutuellement « respect, fidélité, secours, assistance ».

« Les gens se mettent beaucoup la pression avec la monogamie », éclaire la chroniqueuse sexe Maïa Mazaurette. La monogamie serait donc dépassée de nos jours ? En tout cas, les différentes études sur l'infidélité montrent qu'au fil des décennies, une proportion croissante de personnes en couple ne limite plus leur sexualité à leur sphère conjugale. À condition d'en avoir les moyens. « Avec tous les éléments attachés au couple comme l'argent, le foyer, ou encore le cercle d'amis, le risque de perdre son conjoint ou de vouloir s'éloigner fait peser des craintes bien concrètes sur la personne trahie, explique Maïa Mazaurette. À l'heure des gilets jaunes, tout le monde n'a pas la liberté de se séparer ou de payer son loyer sans aide. »

Sans jugement aucun, il apparaît qu'il faut bien choisir sa formule de couple et faire savoir tout de suite qu'une formule, ça évolue. Il y a des gens qui préfèrent l'échangisme, le candaulisme, la monogamie radicale. Une majorité d'entre nous préfère une infidélité invisible – trompe-moi tant que je ne l'apprends jamais – pour conserver son couple en tant que partenariat. Un bon partenariat, une bonne équipe, une bonne union, c'est trop rare pour être flingué pour de petites questions d'ego.

Les *no-sex*

Parents, amis mais plus amants… Quelque chose d'autre que l'amour charnel lie ces couples : l'amitié, l'admiration, le désir de fonder une famille… Tout au long de l'écriture de ce livre, nous avons essayé de répondre à cette question : à partir de quand est-on un couple ? La première fois que l'on fait l'amour ? Que l'on se dit « je t'aime » ? Que l'on part en vacances ensemble ? Que l'on fait appartement commun ? Que l'on trie les chaussettes de l'autre ? Qu'on le présente officiellement à la famille et aux amis ? Chacun a sa propre conviction. Jusqu'au début des années 1970, le mariage constituait un rite de passage et la sexualité était sacrée. Aujourd'hui, on peut faire l'amour avec un partenaire d'un soir. Ou, *a contrario*, se sentir en couple sans habiter ensemble. D'où la définition de l'INSEE : « Est en couple celui ou celle qui déclare être en couple. » « Chacun est désormais en droit de choisir la manière dont il souhaite s'associer à l'autre », confirme la sociologue Maud Navarre (*L'amour. Un besoin vital*, Sciences humaines, 2016). On se sentirait donc en couple dès lors que l'on tisse quelque chose à deux, ce quelque chose pouvant varier fortement d'un couple à l'autre.

Patricia, 57 ans, a sa petite idée sur la question. Elle nous raconte : « Adrien était étudiant en médecine quand nous nous sommes rencontrés. J'ai craqué pour cet homme qui avait des choses à (se) prouver. Après sa spécialité en rhumatologie, il s'est mis à son compte. Nous rêvions d'une grande famille et nous en avions les moyens. Très naturellement, enceinte, j'ai laissé tomber mon emploi d'infirmière pour devenir… femme de médecin. Adrien devait développer son réseau de connaissances et je me suis lancée avec plaisir dans ce job. Trois fois par semaine, j'organisais des dîners avec les notables du coin, les pharmaciens, les généralistes. Je l'ai aidé à aménager son cabinet. Adrien n'a confiance qu'en moi. Notre "petite entreprise" fonctionne à plein régime. Depuis dix ans, on fait chambre à part. Une fois par an, on couche ensemble, presque par accident, au retour d'un dîner un peu arrosé… le lendemain, nous en sommes presque gênés. S'il n'y a plus vraiment de désir entre nous, nous avons toujours la même admiration l'un pour l'autre. C'est un sacré ciment. »

Juliette Allais, psychopraticienne spécialisée en analyse transgénérationnelle (*Amour et sens de nos rencontres*, Eyrolles, 2014), préfère le mot « relation » à celui de couple, le jugeant plus ouvert, enclin à induire l'idée d'un partage ne se réduisant pas à l'amour et à la sexualité.

En effet, une forte complicité intellectuelle, des engagements communs ou des projets peuvent donner envie à deux personnes de faire route commune. Ce lien se distingue de l'amitié par la volonté de le vivre dans le quotidien, de se projeter ensemble dans le futur. Ce contrat conscient et tacite permet d'expliquer rationnellement la relation. Il n'y a pas d'un côté les vrais et les faux couples, selon les critères définis par la société, mais des relations plus ou moins vivantes et transformatrices.

Mathieu nous raconte son histoire : « Quand j'ai rencontré Béatrice, en terminale, notre complicité a été immédiate. Le bac en poche, on a emménagé en colocation, près de nos facs. On était bien ensemble, on n'avait pas besoin de plus. Cette situation bancale me convenait. J'avais toujours été attiré par les hommes, sans oser me l'avouer, même si je fantasmais en cachette. Et mon secret me pesait. Au bout d'un an, je me suis confié à Béatrice, qui m'a rassuré. Elle le savait depuis le début. J'étais soulagé. Avec elle, je pouvais enfin être moi. Puis je suis sorti avec un garçon. Ce fut le drame. Béatrice était folle de jalousie. Pour la première fois, nous avons dû parler de nos sentiments l'un envers l'autre. Pour moi, c'était une immense tendresse. Nous avons décidé de nous quitter. J'en ai beaucoup souffert, j'étais donc forcément amoureux ! Quelques semaines plus tard, on s'est revus et j'ai cherché à l'embrasser. Elle s'est laissé faire et nous ne nous sommes plus jamais quittés. Nous avons pu fonder la famille dont nous rêvions. Mais intimement, c'est compliqué. Mon désir est ailleurs. À 19h30, je suis toujours à la maison, quoi qu'il arrive. Je ne manquerais pour rien au monde le dîner en famille et l'histoire du soir. Je m'arrange pour disparaître quand tout le monde dort. Malgré ma culpabilité, je suis toujours heureux de rentrer et de retrouver Béatrice. Tu partiras quand les enfants seront grands me dit-elle. Je nie farouchement à chaque fois. Elle ne me reproche rien, c'est comme un marché entre nous. Elle est ma sœur, mon amie, la mère de mes enfants. Finalement, à notre façon, nous vieillirons bien ensemble. »

S'aimer sans faire l'amour. Plus que de frustration, les couples abstinents parlent de complicité et de tendresse. Ce serait même un signe de maturité.

Charlotte et Henri, la quarantaine, vivent une belle histoire depuis quinze ans. « Avec des hauts et des bas », confie Charlotte. « Mais nous sommes tous les deux convaincus que les épreuves renforcent un couple. Et puis, nous partageons tant de choses. » Deux enfants de douze et sept ans, mais aussi des valeurs, un réseau d'amis, des passions (danse latine, Japon…). « En revanche, sur le plan intime… Depuis la naissance d'Émeline, et sous l'effet d'une usure naturelle, on a moins fait l'amour. D'abord une fois par semaine, puis par mois… Sexuellement, on s'éloignait, à mesure que nous trouvions ailleurs des motifs de rapprochement : l'harmonie familiale, et cette tendresse qui nous fait nous endormir avec délice chaque soir dans les bras de l'autre… »

Charlotte et Henri sont ainsi devenus, sans s'en rendre compte, des « no-sex ». En 2009, aux États-Unis, l'institut General Social Survey estimait que 15 à 20 % des couples mariés n'avaient plus de vie sexuelle commune. Un chiffre difficile à vérifier pour la France tant le sujet est tabou.

Écartons d'emblée l'abstinence temporaire et stratégique. « Il arrive qu'un des partenaires fasse grève », illustre le psychanalyste Robert Neuburger (*Le couple : le désirable et le périlleux*, Payot, 2014). « Suite à un conflit domestique ou à une brouille sur l'argent, le sexe devient une mesure de rétorsion. » 51 % des femmes seraient ainsi prêtes à faire ceinture pour une meilleure parité ménagère, selon un sondage Opinion Way réalisé en 2011… Robert Neuburger se souvient : « J'ai connu un patient qui boycottait le sexe avec sa femme depuis vingt ans, mais ne savait plus pour quelle raison ! Il y a aussi ceux qui observent une trêve pour mieux relancer le désir. Une interruption volontaire de sexe reposant sur cette dynamique : le désir naît du manque. »

Le polyamour

Le polyamour, ce nouveau mode de vie qui pulvérise les normes, c'est aimer plusieurs personnes à la fois dans la plus grande transparence.

Léa, 25 ans, aime Arthur, 28 ans, et vit avec lui. Mais Léa aime aussi Jean, 23 ans, tandis qu'Arthur passe parfois le week-end avec Estelle, 30 ans. Estelle, elle, vient en parallèle de craquer sur Benjamin, 29 ans, et Jean revoit parfois Mina, 26 ans, sa meilleure amie-amante. Inventant une nouvelle manière d'aimer, ces jeunes créent un réseau sentimental original, bien éloigné de la vision classique du couple rimant avec exclusivité sexuelle. Lorsqu'on les écoute, ils réfutent tout militantisme. « Rien n'est volontaire, explique Léa. J'aime Arthur, c'est mon mec, mais ce serait dingue de refouler mes désirs. J'ai plusieurs amis, pourquoi ne pourrais-je pas avoir plusieurs amoureux ? »

Entre triomphe de l'individu, lutte contre l'érosion du désir, tentative d'aménagement de la « passion toujours », curiosité des corps, ces aventuriers de l'amour défrichent des territoires vierges.

Vous l'avez compris, le polyamour, c'est le droit de ne pas avoir à choisir entre plusieurs amours. S'il paraît moderne, ce concept n'est pas neuf. Dès les années 1920, l'URSS balbutiante découvrait « l'amour camaraderie » opposé à la famille monogame capitaliste. Dans les décennies suivantes, les polyamoureux se font rares, hormis quelques pionniers tels Jean-Paul Sartre et Simone de Beauvoir, avant les années 1970 qui verront éclore des communautés prônant l'amour libre.

Après trois décennies de frilosité – impactées par le sida, le chômage et les crises –, la fin des années 2010 voit réapparaître la tentation du polyamour. Certains vivent à trois (en trouple), allant jusqu'à élever des enfants ensemble. D'autres inventent un équilibre, parfois précaire, à quatre, en « quatrouple », comme dans le film *Happy few* d'Anthony Cordier. Les plus audacieux s'essaient à cinq, six ou sept... Ces nouvelles géométries sentimentales font même l'objet d'une série polyromantique, *You Me Her*, sur Netflix, qui raconte les tribulations amoureuses d'un jeune couple et d'une escort girl.

Mais comment y vient-on ?

Pour Joséphine, 26 ans, cela a toujours été une évidence. « Je ne me vois pas tout promettre à une seule personne. » En sus des jeunes désireux de tester des combinaisons amoureuses inattendues, nombreux sont les couples quarantenaires poly. « La gestion du désir est la grande question du couple, d'autant que jamais nous n'avons eu autant de temps à vivre ensemble. Or, ce désir s'étiole immanquablement, et la vie à deux est frustrante par essence » analyse Fabienne Kraemer (*21 clés pour l'amour slow*, PUF, 2016). En répondant aux envies à court terme, le polyamour peut permettre de passer un cap. Pour éviter la rupture amoureuse, ce qui fait le plus souffrir aujourd'hui, certains aménagent ainsi le contrat initial.

Psychiatre, psychanalyste, Eric Smadja (*Le couple et son histoire*, PUF, 2011) va plus loin, affirmant que « nos sociétés favorisent l'individualisme croissant, la mobilité, la centralité de la sexualité, l'accomplissement personnel, contribuant à rendre les couples instables, fragiles, polymorphes et exigeants. Les attentes à l'égard du partenaire devenant énormes, on est tenté de chercher hors de notre couple ce qui nous manque en termes de satisfaction de désirs et de besoins psychiques protecteurs. Ce qui correspond à une difficulté à renoncer à la toute-puissance infantile de nos désirs, toujours bien vivante en chacun des adultes. »

Un point de vue que ne partagent pas forcément les poly. « Le polyamour n'est pas une solution de facilité, affirme Jonathan, 39 ans, polyamoureux depuis dix ans. Cela demande de l'introspection, de l'honnêteté, de la lucidité, de la communication… »

Respect est le mot-clé des poly. Respect des autres, de leurs besoins, de leurs envies et de leurs sentiments. « On peut dire que les libertins s'interdisent de tomber amoureux des personnes avec lesquelles ils couchent, tandis que les poly s'interdisent de coucher avec les personnes pour lesquelles ils ne ressentent pas de sentiments forts » détaille Audren Le Rioual, mari trompé qui a viré poly et auteur du blog « Les fesses de la crémière ». Contrairement à ce que peuvent laisser entendre les images de corps emmêlés, polyamour ne rime pas avec partouze. « Le polyamour, ce n'est ni de l'échangisme ni du libertinage, martèle Fabrice, 45 ans. Après vingt ans de vie commune, je me suis lancé par amour pour ma femme, qui s'ennuyait dans notre couple. On a tâtonné, on a défini un cahier des charges en s'inspirant des informations de polyamour.info, on participe à des cafés poly, on synchronise nos agendas avec l'appli *The poly Life*. »

Un mode d'emploi réinventé à chaque relation, qu'il faut mettre en œuvre dans une société oscillant entre incompréhension et rejet. Reste à aborder la question de la jalousie…

« J'avais beau savoir qu'Arnaud m'aimait, l'imaginer dans les bras d'une autre m'horrifiait alors que c'était moi qui l'y avais poussé », raconte Annie, 35 ans. Renaud, 44 ans, a ressenti la même chose. « Après que j'ai trompé Sophie, nous avons souhaité repartir sur de nouvelles bases. On a opté pour un contrat poly. Reste que, lorsqu'elle a craqué pour Luc, j'ai viré jaloux pathologique, en dépit de mes bonnes intentions et de sa transparence. »

Catherine Millet, libertine revendiquée, en sait quelque chose. Cette auteure, décrite un temps comme une femme-machine dénuée de sentiments, interdite d'émotions, a abordé dans son ouvrage (*Jour de souffrance*, Flammarion, 2008) la forme la plus douloureuse du pâtir amoureux, la jalousie.

Cela peut paraître paradoxal. « Contrairement aux apparences, le polyamour n'a rien de libre, rappelle la psychanalyste Sophie Cadalen (*Vivre ses désirs, vite !* Philippe Rey, 2016). C'est un système ultra contraignant qui nécessite une analyse folle des rapports. Or l'emballement amoureux est, par essence, opposé au polyamour. Il balaie tout sur son passage et n'a que faire d'un cadre contrôlé. »

Psychologue, sexologue, Magali Croset-Calisto (*Fragments d'un discours polyamoureux*, Michalon, 2017) déclare qu'avec « le polyamour, on pourrait rompre la litanie mariage-divorce-mariage-divorce nourrie par le dépit, l'adultère et le mensonge ». « Face à une société globalement réticente, les polyamoureux détiennent peut-être la martingale d'une vie de couple épanouie au long cours, comme l'expliquent Julia Kristeva et Philippe Sollers (*Du mariage considéré comme un des beaux-arts*, Fayard, 2015). Malgré un cadre, nécessaire à la vie ou aux relations à plusieurs, le polyamour aurait pour vertu de libérer l'homme comme la femme. Plus qu'une transformation des rapports sociaux, peut-être est-ce cela la véritable magie du polyamour : via le sexe, une véritable évolution des rapports de cœur.

CHAPITRE 5
LES FIANÇAILLES

Le retour d'une tradition oubliée

C'est la bouche en cœur qu'il lui a offert une de ses dents de sagesse sur un anneau. Elle a pleuré, et ils ont fait le tour du Web. L'histoire de ces deux jeunes amoureux californiens en dit long sur notre société, mais aussi sur le statut de la bague de fiançailles, qui effectue son grand retour. Selon une enquête réalisée par le cabinet de conseil et d'études marketing Promise Consulting, 15 % des Français prévoient d'en offrir ou d'en recevoir une dans les cinq ans à venir.

Serions-nous revenus à ces temps anciens où le jeune homme présentait sa demande de fiançailles aux parents de la jeune fille ? « Non », explique Catherine Pugeault-Cicchelli, sociologue à l'université Paris-Descartes (*Les théories sociologiques de la famille*, La Découverte, 1998). « Il y a bien sûr ceux qui ont un projet de mariage, mais nombreux sont ceux qui se fiancent sans aller plus loin, pas qu'ils soient opposés au mariage mais parce que les fiançailles suffisent à marquer le lien, dans une société où une union sur deux finit par un divorce. Nous ne sommes plus dans le modèle du mariage illimité, c'est aussi parce qu'elles sont réversibles que les fiançailles connaissent ce succès. »

Dans la Rome antique, la bague de fiançailles symbolisait le contrat passé entre deux familles de jeunes gens qui ne se connaissaient pas et se découvraient lors d'une rencontre où ils échangeaient un anneau de fer. Aujourd'hui, c'est un engagement d'amour. Il y a encore cinquante ans, c'est après une cérémonie religieuse et lors d'un repas chez les parents de la jeune femme que l'homme offrait la bague à sa future épouse, gage d'un mariage qui se déroulerait un an plus tard, le temps de préparer les festivités. Désormais, les cérémonies sont moins nombreuses, les repas de famille se font au restaurant et sont, de plus en plus souvent, suivis d'une fête avec des amis. Mais avant cela, s'il y a bien un moment important, c'est celui de la demande.

Il semblerait que la « sociologie de l'imaginaire » (Pugeault-Cicchelli), cet ensemble de facteurs, comédies romantiques en tête, en dessine les nouvelles normes. Exit, donc, la famille, l'heure est à l'intimité. Mais aussi et surtout à la surprise. Nicolas Garreau, fondateur d'ApoteoSurprise (société spécialisée dans les déclarations d'amour et demandes en mariage originales), raconte être allé jusqu'à organiser une demande dans l'espace. Le principe : une photo du couple et le « veux-tu m'épouser ? » sont accrochés à un ballon-sonde équipé d'une caméra mis en orbite dans la stratosphère. Les amoureux, au sol, dans une limousine, visionnent la vidéo, et la jeune femme découvre le message d'amour avec pour toile de fond la Terre.

Barack Obama avait quant à lui choisi de dissimuler la bague sur le chariot à pâtisseries du restaurant où il dînait avec Michelle.

Selon la plupart des joailliers interrogés, les ventes sont en hausse depuis plusieurs années. « Nos clients sont souvent des couples qui imaginent ensemble leur bague de fiançailles » confirme Pauline Laigneau, cofondatrice de la marque de joaillerie en ligne Gemmyo. Et souvent, cela se passe sur Internet. « Cela permet de ne pas se confronter à cet univers parfois froid de la haute joaillerie, aux vigiles, à un monde impressionnant et compliqué pour ceux qui ne disposent pas des codes. » Les grandes marques l'ont compris. Tiffany and Co. a même développé une appli « Guide des bagues de fiançailles ». On imagine alors différemment le happy end de *Breakfast at Tiffany's* (Diamants sur canapé) de Blake Edwards, lorsque, dans la célèbre boutique new-yorkaise, Paul (George Peppard) offre à Holly (Audrey Hepburn) une bague trouvée dans un paquet de crackers.

The ring, look!

« Montre la bague, chérie. *The ring, look* ! Attention, ce n'est pas du toc. » Qui ne se souvient pas de cette phrase devenue culte prononcée par Patrick Abitbol (Gilbert Melki) dans *La vérité si je mens* (1997) ?

Le rôle de la bague de fiançailles est immuable. Témoigner à l'autre son amour. Elle représente un symbole très fort. Lorsque l'on interroge les fiancées, les mêmes réponses reviennent : la bague permet de montrer (aux yeux de tous) que l'on est lié par ce marquage au corps volontaire. Ce « baguage » rassure. « C'est une publicité ambulante qui montre qu'on est accompagnée, qu'on a su construire une entité positive. Elle est un objet de fierté et de différenciation » constate Catherine Pugeault-Cicchelli. Même si tout le monde n'a pas le même besoin d'en faire la preuve.

Ce ne sont pas les célébrités, dévoilant parfois une bague de fiançailles, qui diront le contraire. Elisabeth Taylor (le diamant offert par Michael Todd en 1956 était si gros qu'elle l'appelait son *ice skating rink* – sa patinoire) ou Beyoncé (dont la bague serait si chère – estimée à 5 millions de dollars – qu'elle en porterait systématiquement une copie – à

5 000 dollars tout de même) contribuent ainsi à l'installation de normes et de modèles. L'idéal en la matière reste bien sûr « le solitaire ».

Il persiste cette croyance forte qu'un homme doit dépenser au moins deux mois de salaire pour une bague. Alors messieurs, les cartes (de crédit) sont entre vos mains !

CHAPITRE 6
LE MARIAGE

L'étonnant regain du mariage

1 femme sur 20 a été demandée en mariage par e-mail ou par SMS (pas très romantique mais, vous me direz, c'est mieux qu'une rupture !)

1 femme sur 7 a été demandée en mariage dans un lit.

1 femme sur 5 avale sa bague de fiançailles lorsqu'elle est cachée dans une coupe de champagne.

950 femmes sont demandées en mariage, chaque année, avec une bague dans un Kinder surprise…

« Ils vécurent heureux et eurent beaucoup d'enfants » est une phrase constitutive d'un certain imaginaire collectif qui se conjugue exclusivement au pluriel. Il s'agit ici du couple institué, uni par l'onction de sacrements religieux, et béni par les familles respectives. Or, il est vrai que le modèle de famille basé sur le mariage à vie des conjoints est en crise. Le mariage n'est plus indissoluble, on assiste à une véritable précarité de la vie conjugale.

Ajoutons à cela la chute du nombre de mariages en Europe et le rejet d'une institution jugée dépassée. Le déclin actuel de l'institution du mariage en France est l'addition de plusieurs phénomènes, l'élévation de l'âge au mariage, la baisse de l'intensité de la primonuptialité et la hausse de la divortialité. Une des manifestations spectaculaires de ce déclin est la forte progression des naissances hors mariage.

Crise du couple, mariage… et divorce, surtout. Une union sur trois débouche actuellement sur une séparation. On a longtemps redouté la septième année de mariage, qui marquait le cap terrible du désintérêt voire du désamour. Les choses se sont accélérées. Car maintenant, c'est vers la cinquième année de mariage que la fréquence des divorces est la plus élevée, 18 % se produisent avant cinq ans, 21 % entre cinq et dix ans après le mariage.

Le mariage ne semble plus à la noce… Et pourtant, comment expliquer qu'en France on célèbre chaque année entre 250 000 et 300 000 mariages ? On assiste depuis 1974 à une augmentation de l'âge moyen au mariage. Cette année-là, l'âge moyen au premier mariage s'élevait à 24,4 ans pour les hommes et 22,4 ans pour les femmes. En France en 2002, les femmes célibataires se sont mariées en moyenne à 28,3 ans et les hommes à 30,4 ans. D'après l'INSEE, dans l'Union européenne, l'âge moyen au premier mariage a augmenté de 4 ans environ depuis 1970, pour les deux sexes. Les Portugais et les Belges se marient le plus tôt (27,5 ans pour les hommes et 25,5 ans pour les femmes) tandis que les Danois et les Suédois attendent la trentaine.

Notre société contemporaine accorde une grande importance à l'amour qui finit par un mariage heureux. Les clubs, les sites de rencontres et autres agences matrimoniales se multiplient, les journaux débordent d'enquêtes sur le moyen de trouver l'homme ou la femme de sa vie. En 2004, Pascal Lardellier (*Le cœur Net : célibats et @mours sur le Web*, Belin, 2003) a été l'un des premiers à analyser les sites de rencontres et les nouvelles modalités relationnelles induites par les nouvelles technologies. Sur la centaine de personnes qu'il a interrogées, les conclusions permettent d'affirmer que la majorité des individus croient en l'amour avec un grand A et se disent prêts à s'unir pour le meilleur et pour le pire. Gageons que ce soit pour le meilleur…

De plus, il semble que les individus, au pouvoir d'achat en berne et au moral au plus bas, aient besoin de retrouver un peu de stabilité. En ce sens, le rite du mariage apparaît comme un contexte hautement symbolique. En effet, à quoi sert-il dans l'absolu de préparer un mariage des mois durant, d'investir des sommes conséquentes pour mettre en scène ce plus beau jour de la vie selon la formule consacrée, de rassembler des dizaines de personnes, toutes sur leur 31, uniquement pour prononcer un simple « oui » en public ? Comme le précise Pascal Lardellier, « ce oui situe son action à un autre niveau – précisément symbolique puisqu'il transforme radicalement les relations des époux, mais aussi celles de leurs familles ». Avant d'être un cadre social, moral et juridique, le mariage est un rite au moins autant qu'une fête et, à ce titre, il nécessite un sérieux et une préparation qui laisseront le minimum de place au hasard. Car il convient d'offrir aux convives un véritable spectacle dont la mariée est la star d'un jour. Et le sociologue de surenchérir : « Il faut faire état (et parfois étalage) de faste et de luxe (quitte à s'endetter), étonner, impressionner, recevoir ses invités dans des lieux prestigieux, louer la plus belle voiture, servir les meilleurs vins, s'offrir une robe superbe. »

Mais de même, les rites exercent toujours une action sur les corps. La future mariée se prépare de longs mois durant pour apparaître sublime le jour J. Cette préparation est une ascèse, régulée par des régimes draconiens, de multiples essais de maquillage, de coiffure et de la robe surtout. La tradition exigeant que le mari découvre sa future épouse dans sa robe le jour de la cérémonie et pas avant, il convient de consentir en amont tous les sacrifices, financiers et diététiques, pour le subjuguer, en étant magnifique ce jour-là.

Depuis 2011, *Quatre mariages pour une lune de miel*, diffusée sur TF1, est devenue l'émission incontournable pour tou(te)s nos apprenti(e)s futur(e)s marié(e)s. Rien ne nous est caché : le choix de la robe, l'instant maquillage, la préparation de la salle, la célébration du mariage, la fête le soir venu...

L'analyse d'Irène Théry permet de confirmer les propos de Pascal Lardellier. Dans un entretien publié dans *Le Monde,* la sociologue parle pour sa part d'une transformation de la valeur accordée au mariage : « Les chiffres traduisent une nouvelle valeur accordée à l'institution. Il y a réellement une embellie du mariage. On la perçoit si on mène des études plus qualitatives. On ne se marie plus en catimini, en cherchant des prétextes. On se marie pour le bonheur de se marier, et on ose affirmer ce désir. »

C'est l'approfondissement d'une situation nouvelle : la pluralité des formes de conjugalité autorisées juridiquement et socialement. La place sociale de cette institution qu'est le mariage a changé. Ce n'est plus le socle unique du couple ni de la famille. Le mariage n'est plus l'horizon commun obligatoire, mais l'objet d'un choix personnel au sein de la pluralité de choix (mariage, PACS, union libre) désormais proposée.

En tout cas, il y a quelque chose de Cendrillon ou d'une princesse tout juste échappée d'un conte de fées qui est donné à vivre aux mariées dans l'imaginaire de cette journée mémorable, de ce rite inoubliable. C'est sans doute là que la pérennité du mariage est à chercher.

Georges Brassens, ce poète du marivaudage décomplexé et du libertinage jubilatoire, ce chantre de la très explicite « non-demande en mariage », fut un maître non à penser, mais à aimer pour des générations d'amoureux. Et tous préférèrent avec lui les plaisirs furtifs et légers d'un banc ou d'un parapluie partagé aux engagements matrimoniaux sentant l'acte notarié, la bénédiction sentencieuse, l'embonpoint et la naphtaline. On se construit en s'opposant, après tout. Et longtemps, il ne fut question, pour les libertins, les babas, les hippies et les soixante-huitards, que de s'opposer à cet horrible mariage, qui fleurait la morale petite-bourgeoise et cette famille qu'il était bon de haïr, avec l'onction d'un poète à moustaches et guitare.

Mais d'une onction l'autre, le mariage, dont on annonçait un peu vite la mort imminente, est revenu en grâce. Contre toute attente, il a le vent en poupe au tournant du siècle, à un point tel que ceux qui le brûlèrent hier l'adorent aujourd'hui. Ses anciens contempteurs y viennent ou y reviennent avec un zèle proportionnellement inverse à la détestation qu'ils manifestaient pour l'union matrimoniale, honnie par principe et pour ce qu'elle représentait. Ainsi, les quadragénaires et même quinquagénaires vivant ensemble depuis parfois de longues années souscrivent avec émotion au rite civil et parfois religieux qui les unit enfin pour le pire et le meilleur. Certains divorcés font des pieds et des mains auprès des autorités religieuses, pour faire annuler des erreurs de jeunesse (en fait des mariages non matures ou mal consentis), et pouvoir ensuite convoler dans les règles de l'art, et « se remarier ».

Mais surtout, nombre d'opposants traditionnels aux institutions (notamment religieuses) et aux tenants de l'ordre établi sacrifient maintenant avec zèle à l'union matrimoniale.

Des athées notoires, des progressistes qui ferraillèrent jadis pour la liberté sexuelle et une éducation sans contraintes, une partie de la communauté homosexuelle (fait notable), (re)viennent donc au mariage, à ses fastes, discrets ou somptueux, à ses serments officiels, ampoulés mais toujours émouvants, bref à une image du couple qu'ils détestèrent jadis de concert.

Étonnant regain de ce mariage, donc, qui constitue une énigme sociale, un véritable phénix rituel. Il y a vingt ans encore, il s'était trouvé ringardisé, déclassé par la généralisation des unions libres et la banalisation du divorce. Le mariage, vilipendé en tant que symbole honni de l'enfermement, du morne quotidien ; horreurs de la belle-mère, de la blanquette du dimanche puis de la sieste, faute de mieux... Et on pensait que les nouveaux exotismes sexuels tant vantés par des médias érotomanes allaient lui porter un coup fatal, d'autant que le PACS lui empruntait ses avantages, sans comporter ses inconvénients.

Les sociologues expliquaient à juste titre que le vrai marqueur du couple d'aujourd'hui n'est plus le projet de mariage, mais le projet d'enfant. Bref, selon certains visionnaires, le mariage allait dans les vingt ans à venir passer par pertes et fracas, vestige d'une tradition désuète. Et voici donc que l'union matrimoniale revient en grâce, connaissant même une vogue peu commune. Des chiffres et des pourcentages à la hausse, indéniablement, un salon somptueux porte de Versailles, à Paris, et dans maintes villes, de longs reportages dans les médias, des magazines spécialisés, une bibliographie conséquente et des sites Internet permettant de préparer au mieux la cérémonie… Oui, le mariage se porte bien.

Comment expliquer ce regain inattendu ? La réponse est sans conteste apportée par Pascal Lardellier : et si « tout était rituel » ? Et si le mariage plaisait de nouveau, en tant que formidable parenthèse symbolique, dramatisant, scénarisant et mettant en scène un couple, tout en rassemblant, au moins une fois, famille, connaissances et amis sous le double sceau de l'émotion et de l'histoire solennelle, de celle qui restera dans les mémoires, les albums photo et les films amateurs ?

Car les témoignages des futurs mariés n'évoquent pas seulement, loin s'en faut, les facilités bancaires et fiscales qui sont encore l'apanage du statut matrimonial ; il y a bien sûr le nom commun donné aux enfants, l'officialisation pour les proches d'une union forte, mais c'est pour plus que cela qu'on se marie. Beaucoup convolent pour éprouver le frisson et les émotions de ce jour qui change la vie, en sachant que l'on vivra quelque chose d'unique, qui marquera un avant et un après, tout en renforçant le couple – du moins temporairement – par l'action symbolique forte à laquelle la cérémonie procèdera.

Nombre des rites qui marquaient les passages de la vie personnelle ont disparu ou se sont érodés, et il y a sans doute là comme une carence, un vide ressenti confusément par ceux qui viennent au mariage pour vivre à cette occasion un moment intense, fort, et fortement symbolique.

Les occasions sont désormais rares d'éprouver la puissance cérémonielle et le frisson solennel inhérents à des rites comme le mariage. Il y a sans doute une nostalgie de tout cela, confusément, chez l'homme moderne. Et c'est aussi pour cela que le mariage connaît une telle résurgence ; pour le riz et les dragées, pour la robe, le buffet, les bouquets somptueux, la première danse. Et puis ces vœux de bonheur, écrits et chuchotés, alors que les mains se serrent, et que les yeux se plissent. En regard de tout cela, de tous ces sentiments mis en forme et solennisés, les signataires du PACS déplorent l'absence de charme et d'émotion de la cérémonie, courte, et plus administrative que symbolique.

Avant d'être un cadre social, juridique et moral qui perdure en évoluant depuis quelques millénaires, le mariage est un condensé de rites, de coutumes, de traditions, impressionnant par sa pérennité et sa plasticité.

On peut penser le mariage sclérosé, si on le considère comme un corpus de contraintes religieuses, familiales et juridiques, comme une journée de convenances précédée de mois de préparatifs fastidieux et dispendieux. En aparté, d'aveux de jeunes époux, on peut prendre du plaisir à organiser une si importante journée, pour que tout soit parfait le jour J. Il est en fait beaucoup plus qu'une logistique conviviale à gérer, et c'est pourquoi il séduit encore autant. Mais les mariages d'aujourd'hui ont gagné sur trois points assez extraordinaires, si on pose un regard historique sur cette institution : il ressortit en règle générale d'un consentement totalement libre et partagé, ce qui ne fut pas toujours le cas, loin s'en faut. Ainsi, les femmes n'eurent longtemps pas voix au chapitre, quand ce n'était pas les deux époux qui se trouvaient mariés de force plus que de gré par des familles plénipotentiaires.

Ensuite, l'amour s'est déplacé doucement pour s'inscrire au centre de la transaction, au cœur même du rite. Et la cérémonie nuptiale constitue un moment intense, qui officialisera le couple et le sentiment le liant, tout en les mettant en scène. Or, il faut redire que longtemps, l'amour ne fut qu'un épiphénomène. Longtemps, l'affection ne fut pas une condition obligée.

Enfin, le corset jadis empesé du mariage en tant que rite s'est maintenant assoupli, et à partir d'une trame connue et presque immuable, chaque couple peut écrire son mariage pour en faire une cérémonie unique. Il est devenu le plus beau des scénarios, dont les époux entendent être les héros, tous les regards et les projecteurs braqués sur eux, le temps de ces quelques heures dont le souvenir sera éternel.

Le mariage, depuis ce début de siècle, finalement, c'est l'union de l'amour et du glamour.

Et c'est bien là que réside son succès justifiant toutes les dépenses et tous les risques. Combien de divorcé(e)s confessent garder un souvenir mirifique du mariage proprement dit, mais exécrable de la vie de couple qui s'ensuivit ?

Tous les efforts liés à l'organisation des grands et des beaux mariages résident dans l'envie d'offrir un spectacle dont on devient le centre, faire de cette plus belle journée de la vie une scène géante, sur laquelle deux personnes paraderont fières et parfois un peu gauches. Mais surtout, faire de la journée du mariage un extraordinaire scénario, une mise en scène incroyable avec, toujours, le couple pour acteurs, et même stars d'un jour.

L'enterrement de la vie de célibataire

Si le mariage a de nouveau les faveurs des jeunes couples contemporains, pour toutes les raisons prises en compte ici, il est un rite corollaire qui a aussi connu un regain d'intérêt spectaculaire et une seconde jeunesse : c'est l'enterrement de la vie de garçon et de la vie de jeune fille. Quelques jours avant le grand jour, les amis (du même sexe, exclusivement) des futurs époux les prennent en charge le temps d'une soirée et d'une nuit, pour une parenthèse cathartique de débauche joviale.

Ces événements sont maintenant tellement courus que des établissements nocturnes, restaurants, boîtes de nuit s'en sont fait une spécialité commerciale, qu'ils proposent comme un service à part entière. Le but : dédramatiser, décharger l'anxiété, et rassembler ses proches en profitant une dernière fois d'un état qu'on quittera bientôt.

Avant la noce, l'important, c'est que le (la) futur(e) conjoint(e) ne sache rien des frasques d'une nuit de folie, durant laquelle on se mettra en danger, à certains égards. Mais après tout, chacun est avec ses vrais amis. Une solidarité organique ainsi que l'alcool, providentiel vecteur des dérapages contrôlés, lieront alors les êtres et les langues.

Soirées dans un club de strip-tease, pour commencer, où l'impétrant(e) aura droit à un spectacle personnalisé, sur sa table si possible ; karaoké libidineux dans des vêtements et des postures équivoques ; dégustations de plats pour le moins symboliquement sexués (banana split, saucisses, moules, gâteaux moulés en seins ou en pénis...) ; parades un rien obscènes dans les rues, où l'on devra aborder des inconnu(e)s pour leur poser des questions voire leur faire des propositions ayant invariablement trait à la sexualité... L'éventail est large, mais la thématique et la finalité sont uniques : il s'agit bien de surjouer une ultime fois le libertinage voire la débauche, et ceci sur un mode parodique qui affranchira ensuite de la culpabilité. Cette parenthèse est un authentique exutoire, car il faut se défouler coûte que coûte, alors que tout est presque prêt, et que quelques jours plus tard, la dernière ligne droite mènera devant le maire.

Don / contre-don : les transactions du mariage

Regardons les choses en face : on sait combien les préparations du mariage donnent lieu à des tractations, à de véritables transactions entre les forces – c'est-à-dire les familles – en présence. Et à l'église, par exemple, elles se feront face en quelque sorte, puisque chacune des familles se range précautionneusement sur un côté, sur une travée, en ne se mélangeant pas de prime abord. Sur ce point, encore, le cinéma a trouvé un filon sûr, mettant en scène de manière tour à tour drôle ou plus tragique les négociations précédant l'union de tourtereaux souvent dépassés par ce qui se trame. On se souvient de la réplique d'anthologie de *La vérité si je mens*, qui en substance campe toutes les problématiques du mariage : « Pour le traiteur, on prend Lenôtre… Non, plutôt le nôtre… » Le prestige coûte que coûte, justement… Car toutes choses égales par ailleurs, une logique profonde agit les familles œuvrant fiévreusement à ces cruciaux préparatifs : celle que les anthropologues appellent le *potlatch*, c'est-à-dire une surenchère sacrificielle, censée impressionner, en montrant que l'on possède beaucoup, et que l'on se permet même le luxe de gaspiller. Et l'origine amérindienne de ces *potlatchs* consistait précisément à impressionner les tribus adverses, en détruisant rituellement des monceaux de nourriture, entre autres.

Et dans nos modernes mariages, on fait les choses en grand et on le dit, quitte à parfois faire des folies et s'endetter, pour ne pas sembler mesquin, et paraître regardant à la dépense en ce grand jour. N'entend-on pas les familles confesser ensuite que pour leurs hôtes, rien n'était trop beau, et qu'elles ont cassé leur tirelire de bon cœur, pour évoquer les dépenses nuptiales ? Traces évidentes de ce *potlatch*, qui affleure de nos cérémonies occidentales et contemporaines, pour les structurer en profondeur.

D'une formule superbe, Alain Caillé affirme que par le don/contre-don, « on poursuit la guerre avec les moyens de la paix ». En effet, la dimension agonistique – le rapport de force – n'est jamais loin, mais il convient de l'euphémiser, et de célébrer la relation, précisément dans le cadre policé du rite. Or, qu'est-ce qu'un mariage, sinon une immense cérémonie faisant étalage de richesses, de luxe, de faste, de dépenses somptuaires, précisément destinées à impressionner tout à la fois la partie adverse et les invités ? Ceci n'est pas dit, mais il n'empêche que de la voiture (de luxe parfois louée pour l'occasion) à la parure, et des cadeaux au nombre d'invités… invités précisément, on se jauge aussi, et on évalue les forces en présence, on voit « à qui on a affaire ». Quand le mariage engage des forces qui s'annulent, le nombre d'invités de part et d'autre est égal, et les dépenses sont strictement partagées. Mais si la famille de l'un des conjoints a des moyens moindres, ceci déséquilibrera l'édifice, et tout le monde sentira ce qui restera pourtant implicite. Certains n'hésitent pas à qualifier de mésalliance ces mariages ne respectant pas l'endogamie sociale, et donc une répartition harmonieuse des coûts.

Pour le reste, la surenchère de fastes entend célébrer l'union de deux familles, et c'est cette boucle large que l'on investit, en investissant dans l'organisation et la préparation de l'union. Dépenser autant, c'est donc montrer ses ressources, ostensiblement, mais aussi pacifier par avance des relations qui vont devenir régulières, en célébrant cette alliance de familles, aussi. Ne rien investir dans un mariage est finalement plus scandaleux que d'y dépenser trop, en vertu d'une curieuse règle, qui enjoint de faire usage de prodigalité. Et c'est à ce prix-là que des relations paisibles se noueront entre des gens qui vont cohabiter, alors qu'ils s'ignoraient jusque-là.

Bien sûr, les règles liées à l'organisation et au financement du mariage se sont assouplies. Un certain nombre de mariages n'engagent maintenant que les époux, qui entendent rester maîtres de la situation. Pascal Lardellier rappelle que des centaines de milliers d'unions mènent au maire et à l'autel des familles derrière les époux, et il convient alors de respecter encore ces coutumes qui ont force de loi, liées au financement symétrique de l'union, à une répartition raisonnée des hôtes et des frais. Et ces règles doivent encore être respectées coûte que coûte, sauf à déroger gravement, et à donner une piètre image de sa lignée et de son nom. Y souscrire, c'est faire ce que l'on attend, pour entrer dans la ronde, être admis dans le cercle des familles.

Le mariage a donc réussi sa révolution, au tournant des siècles. Revenu en grâce, désormais ludique et branché, il permet à deux êtres qui s'aiment d'unir leurs destins. Or, la chose est suffisamment rare, dans l'histoire de l'union matrimoniale, pour être de nouveau soulignée. Les noces sont surtout devenues des scénarios personnalisés, qui voient le couple se mettre en scène le temps d'une journée et d'une nuit magiques. De ce fait, se marier, c'est aussi vouloir vivre à deux un moment exceptionnel et émouvant, car rituel.

Gai, *gays*, marions-les !

Le sociologue Jean-Hugues Déchaux (*Sociologie de la famille*, La Découverte, 2007) nous apprend que la plupart des pays d'Europe de l'Ouest disposent de législations reconnaissant l'existence de couples de même sexe. Le pays pionnier en la matière fut le Danemark en 1989. Depuis, de nombreux États en Europe ont légalisé des unions par une procédure distincte du mariage. Dans les pays nordiques (Danemark, Finlande, Islande, Norvège, Suède), cette procédure est réservée aux unions homosexuelles. Les Pays-Bas en 2000 et la Belgique en 2003 ont été les deux premiers pays à légaliser le mariage homosexuel. En Espagne, les députés ont définitivement adopté en juin 2005 la loi donnant aux homosexuels le droit de se marier et d'adopter des enfants. Depuis juillet 2005, le Canada reconnaît le mariage entre conjoints de même sexe. Suivi par la Grande-Bretagne en décembre de la même année. Il aura fallu attendre 2013 pour qu'un mariage de couples de même sexe soit autorisé en France.

Depuis 1999, les couples homosexuels ou hétérosexuels avaient la possibilité de signer un partenariat civil, appelé Pacte civil de solidarité (PACS), ou de s'établir en concubinage. Cependant, l'un et l'autre n'offrent pas les mêmes garanties juridiques que le mariage civil. Le projet de loi ouvrant le mariage aux couples de personnes de même sexe, déposé au Parlement le 7 novembre 2012, a fait l'objet de débats importants et a connu en France une opposition plus forte que dans d'autres pays européens. La loi n° 2013-404 a été définitivement adoptée le 23 avril 2013 puis validée par le Conseil constitutionnel et promulguée le 17 mai 2013.

Depuis le premier mariage homosexuel célébré à Montpellier en 2013, on recense 40 000 unions de personnes de même sexe en France. En quatre ans et demi, 21 000 couples d'hommes et 19 000 couples de femmes se sont dit « oui ». La première année de la pleine application de la loi Taubira, les mairies ont enregistré 10 437 mariages, dont 1 000 en Languedoc-Roussillon et Midi-Pyrénées. En 2014, sur 241 292 mariages célébrés en France, 10 522 l'ont été entre personnes de même sexe, soit 4,4 %, dont 46 % de femmes.

En revanche, impossible de savoir combien il y a de divorces, car les statistiques sur le sujet ne distinguent pas les couples homosexuels des couples hétérosexuels.

Cinq ans après, quelle analyse pouvons-nous porter sur le mariage pour tous ? Si le mariage était seulement l'union de deux personnes et la constitution d'un couple stable, nous sommes tous en mesure de comprendre qu'un couple homosexuel ait le droit de se marier. Au nom de l'égalité des droits, on doit reconnaître à tous le droit au mariage. Pourtant, avant, pendant et aujourd'hui encore, rien n'est simple. Pour Serge Chaumier, « le couple homosexuel constitue une violente remise en question des conceptions traditionnelles de la sexualité dans nos représentations propres ».

Concrètement, les familles homoparentales ont eu beau créer la polémique, elles n'ont pas attendu le mariage pour tous pour avoir des enfants et les élever. Les questions de l'adoption et, plus généralement, de la reconnaissance de la parentalité des homosexuels sont également des éléments du débat, distincts mais très liés. En effet, la grande majorité des personnes qui se sont opposées au mariage entre homosexuels sont également contre la reconnaissance de l'homoparentalité. Cette expression, relativement récente, date de 1997. Nous pourrions la définir comme étant le lien de droit ou de fait qui lie un enfant ou des enfants à un couple d'homosexuels. Forcément différente des nombreuses autres structures familiales évoquées jusqu'alors, l'homoparentalité semble intriguer et inquiéter parfois. Toutefois, les familles homoparentales sont, selon les chercheurs, en nombre constant. Absentes des statistiques, elles sont pourtant bien présentes sur la scène médiatique, dans les séries américaines notamment. Sans conteste, la famille a évolué. Car depuis 2001, les Pays-Bas, la Suède, la Norvège, le Québec depuis 2002, l'Espagne depuis 2005 autorisent l'adoption par un couple homosexuel. Les Pays-Bas, l'Angleterre et le Pays de Galles et, à un moindre degré, l'Allemagne permettent à un couple d'homosexuels de partager l'autorité parentale. Aujourd'hui en France, environ

40 000 enfants selon l'Institut national des études démographiques et 200 000 enfants selon la très militante Association des parents et futurs parents gays et lesbiens (APGL) sont élevés par des couples homosexuels. Ce sujet, encore largement tabou voire controversé, est adossé à un nouveau concept : celui de famille homoparentale, lancé il y a quelques années par les militants de la parentalité homosexuelle. François de Singly y voit un coup de force en termes normatifs, qui vise à accroître le pluralisme du mot « famille ». Une stratégie qui selon lui s'est avérée payante pour les familles monoparentales, en reconnaissant alors qu'une mère et un enfant, c'était une famille.

Dès 2013 donc, la loi sur « le mariage pour tous » a ouvert aux homosexuel(le)s le droit au mariage et à l'adoption, mais est restée silencieuse sur l'accès à la procréation médicalement assistée (PMA), alors même que François Hollande avait envisagé cette éventualité au cours de la campagne présidentielle de 2012. Cependant, les débats à l'Assemblée et dans les médias furent très vifs, le gouvernement ayant opté pour que la question soit traitée dans le cadre d'une loi ultérieure « sur la famille ».

Pléthore de situations

Plusieurs cas de figure se présentent lorsque les homosexuel(le)s souhaitent fonder une famille. L'enfant peut être né d'une relation hétérosexuelle dans laquelle était engagé l'un des deux partenaires avant de se définir comme homo. Comme dans un divorce, l'enfant a donc deux parents séparés. Autre solution : la coparentalité. Autrement dit, un gay et une lesbienne, chacun en couple ou non, conçoivent ensemble un enfant et l'élèvent avec leurs éventuels partenaires. Ces derniers ne sont pas des beaux-parents mais des co-parents, parties prenantes du projet parental dès le début.

L'enfant né en co-parentalité peut donc avoir deux, trois ou quatre parents. Ce cas se distingue de celui de l'insémination avec donneur connu, comme lorsqu'une lesbienne sollicite un proche pour qu'il donne son sperme sans reconnaître l'enfant et donc sans exercer de fonction parentale. Il existe aussi la solution de l'adoption par l'un des deux partenaires, que la procédure ait eu lieu avant la mise en couple ou que le parent adoptif ait masqué sa vie conjugale lors de la procédure d'agrément. Les couples homosexuels peuvent enfin recourir aux techniques médicales : la PMA ou la gestation pour autrui (une femme, rémunérée à cette fin, porte le futur enfant du couple).

Selon Xavier Molénat (*L'amour. Familles homoparentales en débat*), diverses configurations soulèvent un même problème : celui du statut du parent qui n'a pas de lien juridique avec l'enfant, à l'inverse du parent biologique ou adoptif. Celui-ci exerce son rôle au quotidien mais il ne peut accomplir aucune démarche pour l'enfant (inscription à l'école, urgence médicale). En cas de séparation ou de décès brutal du parent légal, il n'a aucune existence aux yeux de la loi. D'où la demande de pouvoir effectuer une délégation d'autorité parentale au sein du couple homosexuel, qui reconnaîtrait son rôle quels que soient les aléas de la vie.

C'est l'inquiétude majeure des opposants à la famille homoparentale : les enfants élevés dans ce cadre familial sont-ils heureux et équilibrés ? Le droit à l'enfant ne devant pas l'emporter sur le bien-être et l'épanouissement de ce dernier. De nombreuses études ont été entreprises depuis 1970 sur l'adoption par un couple homosexuel. Celles-ci montrent que les enfants élevés par des couples homosexuels n'iraient pas plus mal que les autres : c'est en effet la conclusion de recherches menées en Amérique du Nord et en Europe. Par ailleurs, être élevé dans cette configuration familiale ne semble pas avoir d'incidence en termes de développement, de capacités cognitives, d'identité et d'orientation sexuelle. Mais bien d'autres travaux ne concernent qu'un échantillon restreint et les chercheurs ont souvent recours au bouche à oreille dans des cercles militants pour accéder à ces foyers.

Reste que les enfants eux-mêmes n'hésitent plus à prendre la parole, avec un message plus que clair. « Nous allons bien, merci ! » Beaucoup, notamment sur les réseaux sociaux, tiennent à décrire une enfance ordinaire et heureuse. L'indifférenciation sexuelle des parents, qui inquiète les opposants à l'homoparentalité, ne semble pas les avoir perturbés. S'ils semblent souffrir, c'est plutôt du regard des autres, des moqueries ou des incompréhensions.

Sans récuser en bloc la crédibilité scientifique de ces recherches, on peut néanmoins remarquer l'absence de travaux évaluant les conséquences à long terme de situations familiales aussi nouvelles.

Personne n'a oublié la réponse apportée par l'ancienne secrétaire d'État à la Famille sous le gouvernement de Nicolas Sarkozy, Nadine Morano, lorsqu'on l'a questionnée sur ce qu'est une famille « hors norme » : « c'est celle qui inclut aujourd'hui six enfants ou plus. Les familles nombreuses n'ont plus la cote. » Intéressant. Sans faire preuve de manichéisme, nous pouvons dire que, d'un point de vue sociologique, ces familles participent de la diversification des modèles parentaux.

Le tabou de l'homosexualité féminine

Pour ne pas être rejetées par leur famille et faire face à la pression sociale, certaines lesbiennes vont jusqu'à épouser un homme, parfois gay, créant un couple voire une famille de façade. À l'image de Virginie qui entretient une liaison avec un homme, sorte de gendre idéal qui plaît forcément à son papa. « Ce que je cherche, c'est davantage un gendre pour mon père qu'un mari pour moi. L'idéal, c'est qu'il soit gay et dans la même situation que moi. À défaut, un homme facilement manipulable, sans odeur et sans saveur, ça fait l'affaire… » D'aussi loin qu'elle se souvienne, Virginie a toujours su qu'elle était lesbienne. Une relation cachée de plus de dix ans avec une femme l'a confortée dans cette idée. Pourtant, pour entrer dans la norme et surtout ne pas choquer son père qui l'a élevée, elle a été mariée quelques années et elle est devenue maman. « Mon rôle de maman est celui que je préfère, mon enfant est tout pour moi. » Rangée aux yeux du monde et déjà du père, Virginie a depuis divorcé. « Je suis la seule responsable de l'échec de mon mariage. À vrai dire, j'ai tout fait pour que cela ne fonctionne pas. Mon cœur bat pour les femmes, j'ai fait ce que j'ai pu pour ne pas perdre l'amour de mon père. Impossible de faire mon coming out, sa déception serait immense. »

Aujourd'hui, Virginie est en couple avec un homme. « Je ne vis pas avec lui, il me sert d'alibi, c'est une façade. Je le vois de temps en temps. Il a son propre appartement. Accro au sport, nous ne nous voyons finalement que de manière très épisodique. Ce qui me laisse du temps et tout le loisir de vivre ma vie de femme avec une femme. »

Lorsque légitimement je m'interroge sur le fait que cet homme soit au courant de la situation et du rôle qu'il joue finalement dans sa vie, la réponse est sans équivoque :

« Non. Bien sûr que non ! J'ai avoué une "expérience homosexuelle", j'ai juste oublié de lui dire qu'elle avait duré plus d'une décennie… »

Dans les familles conservatrices, les valeurs de « normalité », de conformisme sont essentielles. Les enfants qui ont grandi dans ce type d'environnement ont plus de mal que les autres à oser être infidèles aux messages reçus durant leur enfance. Afin d'éviter l'isolement, la marginalisation, la rupture familiale ou le rejet d'un membre de la famille adoré voire adulé, certaines lesbiennes préfèrent répondre au schéma classique du couple hétérosexuel, et donner l'illusion de se conformer aux attentes de leur famille. L'enjeu est de ne surtout pas décevoir même si cela passe par des mensonges envers la famille et « l'alibi » qui ne se doute de rien.

Et si, comme à l'époque des mariages arrangés pour des questions financières, ce type d'union avait une chance de fonctionner ? « Oui, explique Michèle Bromet-Camou, psychologue clinicienne (*Guérir de sa famille et enfin vivre sa vie. Les bienfaits de la psychogénéalogie,* Tallandier, 2018), les conjoints peuvent devenir de vrais amis en étant liés par ce secret. Mais vivre un couple de convenance reste une aventure difficile souvent vouée à l'échec. » Pas besoin de théoriser l'échec d'une relation basée sur un mensonge.

« Si l'homme que je fréquente apprenait la vérité, je pense que ma relation s'écroulerait », analyse Virginie.

Dans son ouvrage *On ne choisit pas qui on aime*, Marie-Clémence Bordet-Nicaise raconte le combat qu'elle a dû mener pour faire accepter à sa famille le couple qu'elle forme avec Aurore. Issue d'une famille bourgeoise et catholique, Marie-Clémence avait une vie toute tracée. À 21 ans, elle était en couple avec un garçon charmant que ses parents appréciaient, tout allait pour le mieux dans le meilleur des mondes. Jusqu'au jour où Aurore, une collègue de travail, est entrée dans sa vie, pour ne plus en sortir. En quelques mois, elle se sépare de son fiancé, s'installe avec Aurore et commence à construire une vie heureuse et épanouie. Dès lors, elle décide de l'annoncer à sa famille et à ses proches, chez qui les réactions sont diverses. Son histoire d'amour a bouleversé, au cours des années, son rapport à sa famille, à son milieu social, à la société, à la religion et à ses rêves de petite fille.

L'histoire de Constance Debré, c'est l'histoire bouleversante d'une Parisienne de très bonne famille, petite-fille de Michel, Premier ministre de De Gaulle, nièce de Jean-Louis, ancien président du Conseil constitutionnel, et de Bernard, médecin et député, qui, après près de vingt ans de mariage et quelques années de barreau, a tout lâché, mari, métier, confort, hétérosexualité, pour s'adonner aux amours féminines et à l'écriture.

Deux romans, *Play Boy* et *Love Me Tender*, viennent de paraître, deux livres choc, drus, à la langue véloce et crue, qui disent les choses, le cul comme le reste, de façon aussi directe et décomplexée que possible. Pas de quartier, ici, encore moins de plaidoyer pro-homo, mais le récit implacable, sans filet et en toute honnêteté, d'une révolution intérieure.

Dans le premier, *Play Boy,* publié en 2018, Constance Debré relatait la séparation d'avec son mari, la rupture avec l'avocature et la découverte, descriptifs à l'appui, de son homosexualité. Tout en s'attardant, longuement, sur ses parents : François, grand reporter de talent perdu dans la drogue et le whisky, Maylis, d'origine basque, mannequin à la folle beauté emportée par ses addictions et une rupture d'anévrisme en 1988, alors que Constance n'avait que 16 ans.

L'histoire d'une femme mariée qui décide de vivre sa propre vie et de trouver sa place. Un cataclysme pour le mari dont la stupeur cède le pas à la colère et au désir de vengeance. Entre les deux, un petit garçon qui prend le parti du père contre celle que la justice s'emploie à décrire comme une paria, dingue, anormale.

Dans son second ouvrage, Constance Debré nous explique pourquoi elle a décidé de ne plus continuer à être mère. Elle raconte le lent et inévitable délitement d'un amour maternel usé de tant de tentatives de conciliation vaines. Et en profite pour faire sauter un verrou moral voire mettre à mort le tabou ultime : l'amour d'une mère n'est pas un devoir obligatoire lorsque celui-ci ne trouve pas d'écho. Couper les ponts, c'est se laisser glisser sans amertume vers un autre possible.

CHAPITRE 7
L'ARRIVÉE DES ENFANTS

En juillet 2017, dans l'hebdomadaire de droite conservatrice *Valeurs actuelles*, Mickaël Fonton nous racontait dans son édito l'histoire (d'amour) suivante : celle de notre président de la République. En faisant sienne la famille de sa femme, Emmanuel Macron semblait démontrer que la volonté du cœur a le même sens que les liens du sang.

Certaines scènes ont d'ailleurs fait les délices des médias. On y voit Emmanuel Macron, villa Monéjan, au Touquet-Paris-Plage, dans son QG du XVe arrondissement, ou désormais au palais de l'Élysée, donner le biberon à Alice ou présenter sa joue au bisou d'Emma, « ses petites-filles », sous le regard admiratif de son clan. Les commentaires rivalisent de tendresse. Entouré par « sa tribu », le président est décrit comme « un jeune grand-père » surnommé *daddy* par « ses sept petits-enfants ». Bien sûr, tout le monde comprend. Emmanuel Macron n'a ni enfants, ni petits-enfants. Emma et Alice sont les enfants de Laurence Auzière, la fille de Brigitte, qui a le même âge que lui et ne saurait donc être sa fille. Il s'agit d'une famille d'adoption.

Si le cas est classique, et nullement répréhensible en soi, les mots utilisés ne sont jamais neutres et, aujourd'hui où les repères anthropologiques les plus fondamentaux sont soumis à une tentative permanente de démolition, ils le sont moins encore, d'autant qu'Emmanuel Macron lui-même entretient la confusion. S'adressant durant la campagne à une classe d'écoliers, il avait ainsi expliqué avoir fait le choix de ne pas avoir d'enfants avec sa femme, qui était trop âgée, mais n'en être pas moins aujourd'hui un grand-père comblé, preuve qu'il existait toutes sortes de familles et toutes sortes de mariages.

« La famille, c'est la tradition, la transmission, l'autorité, et même l'exclusion, puisque, quoi qu'on en dise, on préfère les siens aux autres », rappelle Gabrielle Cluzel. C'est donc un ensemble de valeurs pas du tout dans l'air du temps. Donc on la détruit, on l'atomise, mais on le fait gentiment, avec le sourire.

Il est d'ailleurs frappant de constater que la disparition de la figure du père, signature de notre époque, et cause de certains de ses maux, se retrouve dans la trajectoire d'Emmanuel Macron, très proche de sa mère et de la mère de celle-ci, sa grand-mère, « Manette ». La figure du père est inexistante, chez lui. Une disparition qui vaut aussi pour André Auzière, le premier mari de Brigitte et le « vrai » grand-père des « petits-enfants » du président. Anéanti, effacé. Comme s'il n'avait pas existé. Bientôt Emmanuel Macron se mit à dire mes enfants à propos de ceux de Brigitte, sans sembler s'émouvoir de la violence symbolique que porte cet effacement.

L'histoire est trop belle. Trop moderne. Du reste cet acquiescement médiatique n'a pas commencé avec Emmanuel Macron. Comme le rappelle Anne-Marie Le Pourhiet, « les médias nous avaient fait le même coup lors de l'installation de Nicolas Sarkozy à l'Élysée en s'extasiant devant la belle famille recomposée alors que la décomposition complète sautait aux yeux ».

Des parents qui vieillissent ?

Dans nombre de pays développés, le retard dans la constitution des familles est lié à la sortie plus tardive du système scolaire et au souhait de plus en plus fréquent des femmes de commencer leur carrière professionnelle avant d'avoir des enfants. Aujourd'hui en Europe, l'âge moyen de la maternité avoisine les 30 ans. Parmi les mères qui ont donné naissance en 2018, 48,9 % avaient au moins 30 ans. Entre 1974 et 2018, le pourcentage de femmes âgées d'au moins 30 ans ayant donné naissance à un enfant a plus que doublé. Les maternités tardives, qui ont lieu après 35 ans, ne sont plus des exceptions. C'est dans cette tranche d'âge que le taux de fécondité a le plus augmenté (+ 7,2 %) ces dernières années en France. Trouver le conjoint idéal pour faire un bébé, mener sa carrière à bien avant d'être enceinte… par choix ou par contrainte, les Françaises reculent de plus en plus l'âge de la maternité.

Parallèlement, on peut noter que pour la période 1974-2018, les naissances chez les adolescentes (jeunes femmes de 14 à 19 ans) ont diminué, passant de 29,9 à 11,1 pour 1 000 adolescentes. Le nombre de mères adolescentes a diminué depuis une décennie dans tous les pays de l'Organisation de coopération et de développement économiques (OCDE). Le taux de grossesse précoce le plus faible se situe aux Pays-Bas (8 %), le plus élevé aux États-Unis (93 %). Il existe également d'importantes variations régionales au sein d'une même nation. Le centre de l'Italie affiche un taux de grossesse adolescente de 3,3 %, contre 10 % dans le sud. Au Royaume-Uni, les régions les plus défavorisées obtiennent des taux jusqu'à six fois supérieurs à ceux des localités les plus prospères.

En fait, c'est avec la génération des femmes nées vers la fin des années 1950 que l'arrivée du premier enfant a commencé à être repoussée, leur entrée dans l'âge adulte s'étant faite dans un contexte très différent de celui de leurs mères. Déjà la contraception moderne était largement diffusée, les études s'allongeaient, et le mariage n'était plus à la mode. Tout concourait à ce que les couples retardent la formation d'une famille. Aujourd'hui, ces facteurs continuent d'intervenir et se conjuguent à la crise économique. L'instabilité professionnelle et le chômage n'incitent évidemment pas les couples à s'engager trop tôt dans le monde des parents. D'autant que le report d'une première maternité n'est plus synonyme de danger : grâce au diagnostic prénatal, la crainte de mettre au monde un enfant atteint d'une malformation congénitale – risque qui augmente avec l'âge de la mère – disparaît. En outre, le recul de la mortalité des adultes rassure et l'on se dit que, même en ayant un enfant très tard, on pourra s'en occuper longtemps. En effet, l'allongement de l'espérance de vie n'est pas étranger à la venue plus tardive du premier enfant.

La France est le pays qui détient le record d'espérance de vie en Europe. Elle est actuellement de 79,8 ans pour les hommes et de 85,7 ans pour les femmes. Ces chiffres placent la France nettement au-dessus de la moyenne européenne qui est de 74,9 ans pour les hommes et de 81,2 ans pour les femmes ; par comparaison, elle n'était respectivement que de 47 et 43 ans au début du XXe siècle.

D'abord lié à la baisse de la mortalité, l'accroissement de l'espérance de vie est depuis les années 1960 le résultat des efforts de lutte contre les maladies cardio-vasculaires et les cancers. Il est aussi largement dû aux découvertes médicales et pharmaceutiques, ainsi qu'à l'élévation des normes d'hygiène et à une alimentation plus équilibrée. Aujourd'hui, 84 % des hommes et 93 % des femmes peuvent espérer atteindre 60 ans et, à cet âge, il leur reste encore respectivement 20 et 25 ans en moyenne à vivre.

Qu'est-ce qu'être un « bon » parent aujourd'hui ?

Malgré les exigences et la complexité des fonctions parentales, la plupart des parents détiennent les capacités physiques et psychologiques pour non seulement relever le défi que pose la prise en charge d'un ou de plusieurs enfants, mais également pour y prendre plaisir.

Qu'il semble loin le temps où le sentiment maternel, présenté de nos jours comme atemporel et éternel, était considéré comme un plus. L'ouvrage d'Élisabeth Badinter (*L'amour en plus*, Flammarion, 1980) nous montre qu'avant le XVIIIe siècle, une mère pouvait aimer son enfant, mais qu'elle n'était nullement obligée de le faire. Un des changements importants apparus au XIXe siècle fut la redéfinition de la maternité comme obligation sacrée. Avant cette période, le devoir principal de la femme était envers son mari, tandis que les enfants étaient élevés par des nourrices, serviteurs. Ce n'est que graduellement que s'est établie la règle selon laquelle la mère devait s'occuper elle-même de ses enfants.

Jusqu'en 1950, le bébé n'était envisagé que comme un tube digestif, et l'enfant comme un être qu'il fallait d'abord rendre conforme aux impératifs de la société. Et puis les psys pour enfants sont arrivés, Donald Winnicott en Angleterre et Françoise Dolto en France, optant pour un maître mot : épanouissement. Il est à noter le tournant opéré avec la loi de 2002 sur l'autorité parentale, qui stipule que la finalité de l'éducation parentale doit être non plus la conformité aux diktats de la société mais l'épanouissement individuel.

De nos jours, les idéaux véhiculés et prônés par notre société vis-à-vis de l'enfant conduisent à le considérer comme un adulte en devenir. La formule des « compétences de l'enfant » fait mouche. Ces idées témoignent d'un progrès considérable dans l'évolution de l'humanité, mais il convient toutefois d'attirer l'attention sur le danger d'une distorsion trop importante entre un idéal élevé (ce qu'il faudrait faire) et les pratiques réelles qui émaillent le quotidien des familles.

Face à une réalité complexe, l'idéalisation se transforme souvent en culpabilisation, découragement, voire apathie. En effet, combien de parents ne manifestent-ils pas leur angoisse face à une tâche éducative jugée de plus en plus difficile ? L'ouvrage de Bruno Bettelheim et ses recettes pour devenir un parent acceptable a été un best-seller en 1987. Le livre du Docteur Thomas Gordon, *Parents efficaces : une autre écoute de l'enfant* (Intervalle/Fayolle, 1978), pourrait s'intituler la formation à l'efficacité humaine. Cet ouvrage traite des procédés concrets propres à améliorer les relations parents-enfants. Il vise à apprendre aux parents, non seulement des méthodes et des techniques, mais aussi la façon et le moment propice de les employer ainsi que les buts visés par ces procédés. Les parents sont censés y trouver un système complet (principes et techniques). L'objectif est de leur permettre de devenir eux-mêmes experts dans le traitement des problèmes parent-enfant. Le docteur Gordon classe les parents en trois groupes : tout d'abord les gagnants (les parents gagnent et l'enfant perd) ; ensuite les perdants (l'enfant gagne et les parents perdent) et enfin ceux qui balancent entre force et douceur et font preuve du juste milieu. Il appelle « la méthode sans perdant », l'alternative aux deux premiers groupes gagnant-perdant.

Pour être un bon parent, Cornelia Quarti (*Profession : parent. Un nouveau métier pour une société nouvelle*, Stock, 1978) propose une solution : la formation de la mère. Elle consisterait en la création d'une nouvelle discipline qui, dès le début de l'enseignement secondaire, préparerait au métier spécialisé de mère professionnelle. Il s'agirait d'une véritable carrière, selon le sociologue Howard S. Becker (*Les ficelles du métier*, La Découverte, 2002), offrant plusieurs débouchés tels l'exercice pratique de ce métier, soit avec ses propres enfants, soit avec les enfants des autres ; la participation aux équipes de recherche dans les sciences de l'éducation, ou bien encore l'enseignement de cette nouvelle discipline aux différents niveaux de scolarisation ; la possibilité d'enseigner, dans le cadre des échanges internationaux, dans d'autres pays, là où l'éducation des enfants pose encore de très graves problèmes. Selon l'auteur, le niveau qu'obtiendra une mère professionnelle dépendra autant de connaissances académiques que de qualités humaines. Les unes et les autres se forment. C'est pourquoi, il faut prévoir une préparation qui, dès le début des études, s'attache tout autant à l'éducation qu'à l'instruction. On définit, de façon usuelle, l'éducation comme la mise en œuvre des moyens propres à assumer la formation et le développement d'un être humain.

Se pose ici non pas le présupposé d'une compétence parentale innée, mais la nécessité de définir les tenants et les aboutissants de cette compétence.

Premièrement, l'exercice de la parentalité, qui regroupe les droits et les devoirs dont est dépositaire tout parent et qui l'investit d'une obligation de choix, de surveillance et de protection quant à l'éducation et à la santé de son enfant. Les dysfonctionnements interviennent soit par excès (rigidité, exigences disproportionnées par rapport à l'âge de l'enfant), soit par défaut (difficultés à assumer l'autorité, incitation à des comportements asociaux).

Deuxièmement, l'expérience de la parentalité, qui inclut le ressenti, l'éprouvé, le vécu, de toute la dimension psychique subjective. Là aussi des excès peuvent se manifester soit en trop (fusion, emprise), soit en moins (rejet, déception, sentiment d'être persécuté par l'enfant). Troisièmement, la pratique, qui correspond à la mise en œuvre des soins parentaux et des interactions : tâches d'ordre domestique (repas, entretien du linge), technique (réparations courantes), de garde (surveillance, présence auprès de l'enfant), d'élevage (nourrir, laver, soigner, consoler), d'éducation et de socialisation (acquisition de comportements sociaux, stimulation dans les apprentissages). Là encore des écarts dangereux pour l'enfant peuvent se manifester, soit par excès (surprotection, suralimentation, hyperstimulation au niveau des apprentissages), soit par défaut (carence dans l'hygiène ou l'alimentation, enfant livré à lui-même, manque de stimulation).

Évaluer la capacité des parents à exercer leurs fonctions serait alors se référer à l'expression de ces trois axes. Les professionnels auraient la responsabilité de répertorier les capacités et les incapacités, les potentialités et les manques, les compétences et les inaptitudes à assumer le rôle parental.

Le métier de parent ne semble donc pas si simple. On ne naît pas mère ou père. On le devient. Ce qui ne se fait pas du jour au lendemain, ni sans bouleversements. « À la maternité, j'avais été prise en charge pendant cinq jours, confie Madeleine. Soudain, je me suis retrouvée parachutée avec mon bébé sur le perron de la clinique… Je me sentais tellement désorientée… » La psychanalyste Catherine Bergeret-Amselek (*La femme en crise*, Desclée de Brouwer, 2005) explique que dès le désir d'enfant, puis au cours de la grossesse et de l'accouchement, et même encore un an après la naissance, se développe pour les deux parents un processus de maturation psychique aussi fondamental que bouleversant. Une véritable crise d'identité les secoue plus ou moins brutalement. Une crise qui aboutit ni plus ni moins à cesser d'être l'enfant de ses parents pour devenir le parent de son enfant. Des parents parfaits, cela n'existe pas. Nous devons nous contenter d'être à peu près de bons parents, pour parodier Donald Winnicott, qui parlait de la *good enough mother* (la mère suffisamment bonne).

La famille, clé de la réussite ?

À la question « à qui profite la famille ? », « aux filles et fils de… » serions-nous tentée de répondre. Eh oui, l'année 2020, a (re)mis au goût du jour le triomphe des « enfants de », phénomène pas vraiment neuf mais qui prend d'autant plus de relief que le reste de la société française est en crise. Au même moment, les enfants des classes moyennes (soit 80 % de la société française) sont confrontés à un véritable déclassement. Même s'ils sont plus diplômés que leurs aînés, les jeunes de 2010-20 sont la première génération qui, en période de paix, réussit matériellement moins bien que ses parents. Ils ont suivi en moyenne deux années d'études de plus que leurs aînés, et pourtant ils connaissent le chômage, la précarisation, la dépendance aux parents. Comme le rappelle le sociologue Louis Chauvel (*Le destin des générations*, PUF, 2015), « en 1968, on pouvait être instituteur à 19 ans, avec un baccalauréat. On pouvait se faire tout seul sans parents derrière soi. » On est confronté au même cas de figure chez nos voisins européens.

Il semblerait qu'aujourd'hui, pour les jeunes adultes, les chances de réussite soient fortement corrélées avec un appui sans faille de leur famille. Louis Chauvel d'ajouter : « Malheur à qui n'a pas le soutien capital de sa famille. S'il suffisait naguère de réussir les bons concours pour entrer dans les cercles dont on était a priori exclu par la naissance, la perspective contemporaine est plus inquiétante puisqu'elle semble exiger de plus en plus d'avoir des parents ayant eux-mêmes constitué un capital économique pour se maintenir dans les cercles centraux. » Il en va de même pour l'achat d'un chez-soi. En effet, en 2020, il est devenu très difficile pour un jeune couple d'acheter un appartement sans famille pour l'aider financièrement ou tout simplement pour se porter caution.

Dans notre société, la famille apparaît donc de plus en plus comme étant une des clés de la réussite. Dans le monde économique, dans les médias, le showbiz, la presse, l'édition, les grandes entreprises, on assiste à une multiplication des 'filles de - fils de' parce qu'il est devenu difficile de se « faire tout seul ».

Pour n'en citer que quelques-uns, dans le domaine du cinéma, on peut noter la présence de Charlotte Gainsbourg et Lou Doillon (filles de Jane Birkin), Julie Depardieu, Laura Smet (fille de Johnny Hallyday et Nathalie Baye), Arthur Jugnot, Eva Green (fille de Marlène Jobert), Lily Rose Depp (fille de Johnny Depp et Vanessa Paradis)... Dans le domaine de la musique, David Hallyday, Pierre Souchon, Matthieu Chedid... À la télévision, Marie Drucker, Benjamin Castaldi... mais aussi Joakim Noah, Marilou Berry, Aurore Auteuil. Tous et toutes semblent avoir reçu la célébrité en héritage. Célébrité parfois difficile à supporter, le rôle étant difficile à jouer... Aucun propos méprisant dans cette liste de noms (déjà) connue d'un large public. Être fille ou fils de n'empêche pas et n'enlève en rien le talent. J'en veux pour preuve le prodigieux Nicolas Bedos (acteur, réalisateur, dramaturge), digne héritier d'un père, figure incontournable du paysage français.

Alors, pour être éternel, quoi de mieux que de passer le flambeau à ses enfants ? Comme l'analyse l'économiste Frédéric Teulon (*Sociologie et histoire sociale*, PUF, 1996), « la tendance à la reproduction sociale et génétique des élites s'est systématisée. Elle conduit à la perpétuation des lignées familiales à la tête des grandes entreprises, des médias et de l'État. Un phénomène amplifié par la médiatisation, qui donne au nom de famille une importance toujours plus grande. » Les sociétés familiales semblent dynamiques en Europe, mais des différences importantes s'observent en fonction de la tradition capitalistique de chaque pays. Au Royaume-Uni par exemple, le contrôle familial est beaucoup moins développé que dans les pays d'Europe continentale. Ainsi, quand la France compte 64,8 % de sociétés familiales parmi les sociétés cotées, au Royaume-Uni, elles ne représentent que 23,7 %.

En France donc, les sociétés familiales ont le vent en poupe. Ainsi, Lagardère (industries), Arnault (LVMH), Pinault (industries), Bouygues (industries), Dassault (armement et presse), Riboud (Danone), Decaux (mobilier urbain), Barth (Rivella et Passaia), pour n'en citer que quelques-unes. Entre 1990 et 2010, elles ont progressé de 639 % ! Selon une enquête du Crédit suisse, les entreprises exclusivement ou majoritairement aux mains d'une famille sont plus performantes que les autres. Ce qui semble guider une famille, c'est la préservation de son patrimoine. En effet, dans la grande majorité des cas, les fils et parfois les filles (même si cela reste encore marginal) succèdent à leur père, lorsque celui-ci leur lègue une entreprise en bonne santé. L'économiste Thomas Philippon ajoute qu'en France, il est quasiment impossible de léguer son entreprise à l'un de ses cadres. La législation privilégie la transmission familiale. La loi française, en exigeant que l'héritier exerce des fonctions dans l'entreprise, encourage clairement le népotisme. C'est comme si on sélectionnait l'équipe de France de football de 2020 parmi les enfants aînés des champions du monde de 1998…

Dans le monde économique, les médias, le showbiz ou l'édition, leurs familles prospéraient, ils prospèrent et leurs enfants prospéreront. La famille, une clé de la réussite ? Indéniablement.

Loi bioéthique : où en est la PMA ?

Les couples qui ont eu un enfant via la procréation médicalement assistée (PMA) sont en quête d'un statut légal pour les deux mères. Un projet de loi bioéthique est en cours.

Corinne et Sylvie ont eu recours à la PMA en Belgique, après six ans de vie commune. C'est un choix mûrement réfléchi avec un profond désir d'enfant. Alors que le projet de loi bioéthique a été discuté à l'Assemblée le 24 septembre 2019, les lesbiennes et les mères célibataires n'ont toujours pas le droit de recourir à la PMA. Elles sont contraintes d'aller en Espagne ou en Belgique. La loi n'autorise pas non plus la filiation dès la naissance. Il faut que la mère sociale ou non porteuse fasse une demande d'adoption plénière pour être reconnue comme coparent. Une procédure complexe. « Déjà, on part du postulat qu'il faut adopter son propre enfant, c'est complètement fou », estime Émilie Duret, avocate et coprésidente de l'Association française des avocats LGBT+. « Chaque tribunal diligente la procédure comme il le souhaite. À Paris, le procureur sollicite une convocation au commissariat pour la mère adoptante, alors qu'au tribunal de Bobigny, la procédure est assez rapide. En revanche, à Évry, les juges exigent une audience avec présence de l'enfant, ce qui peut être traumatisant », explique-t-elle.

Autant de couples de femmes et autant d'histoires compliquées. Des vies mises en suspens. Comme celle de Laurence Vanceunebrock-Mialon. La députée LREM a porté sa première fille il y a vingt ans au côté de son ex-compagne. Légalement, elle est sa mère. Mais son ex a donné la vie à leur seconde fille Lola. Âgée de quinze ans, elle n'est pas légalement la fille de Laurence. « J'ai désiré sa naissance, nous l'avons longuement préparée. Je l'ai élevée. Je me levais la nuit quand elle était malade. Et aujourd'hui, je ne suis rien. S'il m'arrive quelque chose, même si je rédige un testament, les frais de succession seront les mêmes que pour une personne extérieure à la famille », se désole la députée, membre de la commission spéciale chargée d'examiner le projet de loi relatif à la bioéthique. « Si la loi avait été votée avant, ce serait ma fille légale », peste encore Laurence Vanceunebrock-Mialon. Avec sa nouvelle femme, elle a adopté deux frères au Brésil. Grâce à l'ouverture de l'adoption à tous les couples mariés en 2013, elles sont toutes deux mamans. « Mais c'est une aberration, on ne demande pas aux hétérosexuels de se marier pour avoir un enfant ! »

Présenté en Conseil des ministres en juillet 2019, le projet de loi bioéthique élargit l'accès à la PMA à toutes les femmes et permet sa prise en charge par la Sécurité sociale. Il propose aussi une levée partielle de l'anonymat des donneurs de gamètes. L'enfant conçu par PMA avec tiers donneur pourrait, adulte, obtenir des informations sur le donneur et connaître son identité sous certaines conditions. Concernant la filiation, les couples de femmes devront, contrairement aux couples hétérosexuels, aller devant un notaire avant la conception de l'enfant et faire une déclaration de volonté anticipée. Ainsi, à la naissance, les deux femmes seront parents. Cependant, la loi crée un mode de filiation spécifique pour les couples de femmes, en inscrivant le mode de conception sur l'acte de naissance de leurs enfants. Une mesure dénoncée par les militants LGBT+.

Janvier 2020 : le projet de loi bioéthique est voté de justesse au Sénat. Le texte, largement remanié, a été adopté en première lecture par 153 voix contre 143. Il va repartir en deuxième lecture à l'Assemblée nationale.

Le texte, qui a été fortement modifié par les sénateurs, ouvre la PMA aux femmes seules et aux couples de femmes. Il va maintenant repartir en deuxième lecture à l'Assemblée nationale.

Parmi les modifications apportées en première lecture, les sénateurs ont réservé le remboursement par la Sécurité sociale aux seules PMA motivées par des critères médicaux. Une marche arrière dénoncée par Amnesty International France comme « une discrimination prohibée par le droit international ».

Ils ont aussi réécrit le nouveau mode de filiation pour les enfants de couples de femmes ainsi que les dispositions concernant l'accès aux origines des adultes nés d'une PMA avec donneur. Le Sénat a supprimé l'article autorisant l'autoconservation des gamètes, et a interdit tout embryon chimérique ainsi que les embryons transgéniques. « Nous n'avons rien cédé au militantisme, nous avons tout fondé sur la cohérence juridique », a assuré la corapporteuse LR Muriel Jourda, personnellement opposée à l'extension de la procréation médicalement assistée.

Pendant toute la durée de l'examen du texte, les opposants à la PMA pour toutes se sont rassemblés en face du palais du Luxembourg, agitant leurs drapeaux rouge et vert « Liberté Égalité Paternité ». La présidente de la Manif pour tous,

Ludovine de la Rochère, était présente en tribune mardi pour le vote du texte. « Ce texte est inacceptable en raison des graves injustices qu'il fait peser sur les générations à venir en cédant à l'individualisme et au scientisme », a déclaré la déléguée générale adjointe d'Alliance VITA Caroline Roux, promettant de poursuivre le combat.

Pour Irène Théry (*Filiation, origines, parentalité*, Odile Jacob, 2014), il est temps d'assumer que toutes ces nouvelles familles sont parfaitement respectables et ont leur place dans le paysage familial contemporain, de clarifier les places de chacun et d'accorder aux enfants le droit d'accéder à leurs origines. « Il faut passer de ce que j'ai nommé l'ancienne logique de l'honneur, qui organisait un monde fondé sur la hiérarchie des sexes, à une nouvelle logique de la responsabilité, visant à répondre de ses actes. Notre société tout entière doit cela à ses enfants. »

Vivre sans enfant

Malgré le regard toujours suspect de la société à l'égard des femmes, certaines ne souhaitent pas enfanter. La plupart des femmes que j'ai interrogées ont dû se justifier pour expliquer leur choix. « On me répondait : il n'est jamais trop tard pour bien faire » raconte Isabelle, 49 ans. Une femme sans enfant (une nullipare) reste pour la société un tabou lorsqu'il n'y a pas de cause d'infertilité. Et pourtant elles sont de plus en plus nombreuses à assumer une vie sans enfant.

Environ 5 % des Français choisissent de ne pas avoir d'enfants. La sociologue Charlotte Debest (*Le choix d'une vie sans enfant*, PU Rennes, 2014) nous donne un éclairage indispensable à la bonne compréhension d'un phénomène que beaucoup ne comprennent pas très bien. Elle nous rappelle que certains célibataires choisissent délibérément de ne pas avoir d'enfants. Elle les nomme les « SEnVol » (sans-enfant volontaires). Elle montre l'importance de déconstruire une double représentation dominante, selon laquelle les femmes sans enfant seraient des carriéristes et les hommes sans enfant des précaires trop peu stabilisés dans le monde du travail pour envisager de fonder une famille.

Le rapport de cause à effet entre absence d'enfant et instabilité professionnelle est à renverser, les SEnVol cumulant volontairement les écarts à la norme, professionnelle ou parentale. Surtout, contrairement aux idées reçues, renoncer à avoir des enfants peut venir aussi bien de couples que de célibataires. Ainsi, la moitié des SEnVol sont en couple.

Davantage que le fait d'être sans enfant, c'est bien le non-désir d'enfant qui interroge la société. Dans notre société, il est difficile d'admettre que ne pas avoir d'enfant puisse relever d'un choix autre qu'une infertilité. Les motivations de ces SEnVol tiennent d'abord tout simplement à l'absence d'envie d'entrer en parentalité, au fait d'être libre d'enfant pour réaliser autre chose. La question de la conciliation entre famille et travail n'est pas un motif structurant du refus d'entrer en parentalité. C'est d'ailleurs un argument mobilisé exclusivement par les femmes, remarque la sociologue. Ce qui montre que la question ne se pose pas ou beaucoup moins pour les hommes. « Être un homme sans enfant est moins problématique pour construire une discussion avec ses amis, qu'une femme sans enfant avec ses amies, les enfants restant une "affaire de femmes", c'est-à-dire une préoccupation mentale supportée majoritairement par les femmes et constituant encore une partie de leur identité ».

La responsabilité de la reproduction est ainsi renvoyée quasi exclusivement aux femmes, celles sans enfant étant davantage stigmatisées que les hommes dans la même situation. Chez les femmes, se dessine en creux un discours de refus de la naturalisation des compétences maternelles, voire de refus de la grossesse et de l'accouchement. Certaines évoquent aussi le fait de vouloir rester femmes pour maintenir un rapport à la séduction à l'autre. Charlotte Debest note une dissociation entre nature et culture « dans leurs représentations, et certainement leur rapport au corps, être femme est du côté de la culture, de la maîtrise de soi, quand être mère renvoie à la reproduction biologique, à la nature ». Le présupposé instinct maternel interroge Nathalie. « La maternité ne va pas de soi. Elle n'est pas innée et ce n'est pas parce qu'on est femme qu'on doit être mère. »

Le choix de ne pas entrer en parentalité, tout comme celui d'être parent, apparaît cumulatif, progressif, en interaction étroite avec les parcours professionnels, conjugaux et intimes.

Le dernier des tabous : ces mères qui regrettent de l'être

« Je fais partie des affreuses qui regrettent d'avoir fait des enfants. Mais maintenant il faut que j'assume. Je ne veux pas les abandonner ! De toute façon, je ne peux rien y changer », dit Stéphanie, 32 ans, analyste financière, mère de deux enfants de deux et quatre ans. Regretter d'avoir mis ses enfants au monde ? Difficile de trouver une idée plus dérangeante concernant la maternité en France en 2020. Même si la révolution féministe est passée par là, une mère reste une mère avant d'être une femme dans l'esprit de beaucoup, elle se doit de vivre dans l'abnégation, de penser au bien-être de ses enfants avant le sien, voire de se sentir coupable de ne jamais en faire assez pour eux. Et même si nombreuses sont celles qui ont dénoncé la charge mentale ou les diktats qui pèsent sur leurs épaules sur les réseaux sociaux notamment, ou dans des spectacles (Florence Foresti en tête, avec *Motherfucker*), il est encore impensable d'exprimer publiquement un sentiment aussi négativement perçu que le regret. « J'arrive à en discuter avec mes copines car elles sont très ouvertes d'esprit, explique Stéphanie, mais je ne suis pas comprise. »

La sociologue israélienne Orna Donath s'est penchée sur le sujet dans un livre (*Le regret d'être mère*, Odile Jacob, 2019). Une réponse, dit-elle, à une phrase qu'elle a entendue en faisant sa première étude sur les femmes ne désirant pas avoir d'enfants. On leur disait tu vas le regretter, c'est sûr. À rebours existe-t-il des femmes qui déploraient leur maternité ? Orna Donath a basé son analyse sur une population de vingt-trois femmes âgées de 25 à 75 ans qui, à la question « si vous pouviez revenir en arrière, avec la connaissance et l'expérience que vous avez aujourd'hui, seriez-vous mère ? », ont répondu non. Sorti la première fois en 2015 en Allemagne, puis dans onze pays, l'ouvrage a eu un fort retentissement entraînant de nombreuses polémiques.

Cela montre, explique l'auteure, que parler de ce sujet est essentiel pour beaucoup de femmes dans différentes sociétés. Même si elles ne regrettent pas elles-mêmes d'être mères. Cela intéresse aussi celles qui n'ont pas encore d'enfants ou qui n'en veulent pas. En France où les débats portent plutôt sur le droit à l'enfant, la PMA ou les mères porteuses, le sujet étonne. « J'ai travaillé dix-sept ans dans une maternité et je n'ai jamais entendu quelqu'un évoquer ses tourments ou problèmes avec la maternité en termes de regret » explique Marie-Magdeleine Lessana, écrivaine et psychanalyste (*Malaise dans la procréation. Les femmes et la médecine de l'enfantement*, Albin Michel, 1998). « Chez les femmes qui, grâce à la contraception ou l'avortement, ont le choix d'avoir ou pas un enfant, cela paraît un paradoxe, poursuit-elle. Mais puisque c'est un paradoxe, je l'analyse de la façon suivante : le désir d'enfant, lorsqu'il est poussé à son extrême comme aujourd'hui, notre culture nous obligeant à faire un choix explicite, volontaire, programmé, éclipse la part d'ombre présente dans nos désirs. »

Stéphanie détaille : « Mes enfants, je les adore. Mais, avec le recul, je me dis que sans eux, la vie aurait été plus agréable. Au départ, je n'en voulais pas. J'étais éprise de liberté, indépendante. Et puis, l'envie est venue. Aujourd'hui, le curseur d'emmerdements est trop haut par rapport à celui du bonheur. Ce qui me manque viscéralement, c'est ma liberté, vivre à mon rythme, je me sens prisonnière. » Des paroles qui peuvent déranger certains de mes lecteurs. Pourquoi le sujet est-il encore tabou ? « Parce qu'il existe un axiome qui dit qu'il est naturel pour une femme de devenir mère, assure Orna Donath, qu'il est naturel qu'elle sache prendre soin de son bébé, et qu'elle considère la maternité comme un accomplissement de soi. » Que cet axiome soit implicite ou explicite, il existe dans toutes les sociétés. Ne plus voir dans les mères des déesses mythiques serait une manière de dénoncer un système de pouvoir millénaire. Car, selon Marie-Magdeleine Lessana, « malgré les acquis féministes, nous sommes encore cantonnées à ce destin. Une femme doit se montrer désirable pour qu'un homme veuille bien d'elle, et ceci dans le but de procréer. » Une injonction d'hétérosexualité et de domination masculine universelle. Or, aujourd'hui, ce système se fissure. On a ouvert la boîte de Pandore. Il faudra bien un jour que les sociétés modernes renoncent à assigner les individus à leur genre. Et que nous devenions des êtres vivants, de désir, de parole et d'amour, sans que notre destin d'homme ou de femme soit tout tracé.

CHAPITRE 8
LA TABLE, SCÈNE INTIME DES PETITS DRAMES FAMILIAUX

Évoquer la famille revient à égrener tous ces souvenirs sensationnels, lointains et pourtant si chers, qui ont eu la table pour contexte et pour scène. Car c'est autour de la table domestique que reviennent sans cesse parents et enfants. C'est là qu'ils se retrouvent, c'est autour d'elle qu'une mémoire familiale se crée, se régénère, se perpétue et que ce « collectif intime » (François de Singly, *Libres ensemble : l'individualisme dans la vie commune*, Armand Colin, 2016) est visible dans un semblant d'unité et d'harmonie. Notre mémoire sensible nous rappelle les mets partagés, l'ordonnancement du repas, la succession des plats, le tout donnant souvent lieu à une mise en scène ritualisée lors des sacro-saints repas de famille. Le partage alors est bien plus qu'alimentaire, quand advient la commensalité qui instaure un climat particulier, propice à une communion qui ne se nomme pas.

Plus communément, au quotidien, la famille est généralement assignée à prendre ensemble ses repas. La vie de famille, ses échanges, son degré d'affectivité passent par ce moment de rassemblement nourricier. Repas inévitable auquel il est difficile de déroger et de se dérober. Le repas du soir continue de rassembler. Et quelle autre activité, en effet, remplit cette fonction avec autant de constance pour les membres d'une famille ? Même si le moment du repas fait aujourd'hui l'objet de négociations entre les aspirations des uns et les activités des autres, le dîner reste le temps symbolique de la mise en présence des individus, et de la redistribution des rôles de chacun au sein de la famille. Qui parle, qui écoute, qui commente les plats, qui sert et qui dessert, aussi… ? Tous les rapports liant les individus sont contenus dans ces quelques activités a priori banales, mais ô combien lourdes de sens et d'enjeux.

Car comme le rappelle Luce Giard (*L'invention du quotidien, II. Habiter, cuisiner*, Folio, 1994), « manger, c'est toujours plus que manger ». C'est dire qui l'on est. Manger, faire manger, c'est donner et partager mais aussi dominer. C'est aimer mais aussi contraindre, éduquer.

La table ou l'expression intime de l'esprit familial

Le repas inscrit la famille dans un ordre qui lui est propre, tout à la fois temporel, spatial et relationnel. Celui-ci est plus ou moins organisé et impératif selon les milieux, mais il est toujours le lieu d'expression des codes sociaux comme des ritualisations symboliques qui donnent sens et réalité à la vie d'une famille.

La table met ainsi en forme l'ordre familial. Elle fixe son organisation interne, fournit des repères objectifs et rappelle les règles sociales en vigueur. On peut les adapter, mais on ne peut s'en affranchir sans faire tache, voire scandale.

À une autre échelle, la table donne à voir la famille dans son expression intime, réservée au seul cercle de ses membres. On peut parler d'une action implicite (et parfois énoncée), de laquelle découle l'assignation des fonctions et des places, les façons de faire, de se conduire, de se tenir, de paraître et, accessoirement, de cuisiner. Rôles domestiques traditionnels et hiérarchie instituée ou partage égalitaire des tâches, respect plus ou moins rigoureux des codes et des usages, tables plus ou moins communicatives, tablées plus ou moins conviviales, nourritures plus ou moins raffinées et abondantes… Le souci de l'ordonnancement du repas comme le choix et le goût des mets préparés ne sont pas les mêmes selon les milieux sociaux.

Dans son ouvrage de référence *La Distinction* (Les Éditions de Minuit, 1979), Bourdieu attribue aux classes populaires des « goûts de nécessité » et à la bourgeoisie des « goûts de luxe », deux manières antagonistes de considérer la nourriture et l'acte de manger. « Au franc-parler populaire, la bourgeoisie oppose de manger dans les formes », ce qui suppose dans la signification accordée aux besoins nourriciers, une « opposition entre la forme et la substance » (Bourdieu). Dans les milieux populaires, la nourriture doit être d'abord nourrissante, « tenir au corps », tandis que dans les milieux bourgeois, et de plus en plus dans les classes moyennes instruites, il s'agit surtout de rejeter les satisfactions immédiates de la consommation alimentaire en privilégiant des impératifs éthiques et esthétiques. Pour le sociologue, il est donc clair que le goût en matière alimentaire ne peut être complètement automatisé par rapport aux autres dimensions du rapport au monde, aux autres, au corps propre, où s'accomplit la philosophie pratique caractéristique de chaque classe. Bien sûr les sociologies de l'alimentation ont dépassé progressivement cette vision dichotomisée (populaire/supérieur). Mais il est indéniable qu'à table, la famille est donnée à voir dans sa réalité existentielle propre, comme dans sa réalité sociale et économique.

Une table qui en dit « long »…

Le moment du repas familial égrène et fixe le temps qui passe. La famille qui s'agrandit ou se réduit, au gré des événements et des générations. La table dit tout, montre tout, comme un filigrane des vicissitudes familiales. Les humeurs, les rires et les pleurs, les lois requises, les jeux de soumission et de domination, les récompenses et les punitions. Dons et contre-dons, goûts et dégoûts, drames et joies, paroles et silences. Sensations et sentiments, tout fait sens... La table théâtralise la vie familiale au sens d'Erving Goffman (*Les rites d'interaction*, Les Éditions de Minuit, 1974). Mais, quelle que soit la tournure que prend parfois le repas (comme dans le film *Festen*), la table domestique reste un lieu de socialisation incontournable. L'enfant y trouve la possibilité de repérer et d'assimiler les signes qui fonderont son identité sociale. Il y côtoie quotidiennement ses proches, il est le témoin privilégié des relations des adultes qui l'entourent, il assiste aux discussions « des grands ». C'est pour lui l'occasion de découvrir la réalité des enjeux familiaux, ententes, collusions, dissensions. La table introduit au monde de la famille, elle initie. Bribes de conversations surprises ici et là, petites confidences faites à voix basse, reproches que l'on voulait taire, mais... La famille parle et se livre à table. Dans le jargon judiciaire et policier, ne dit-on d'ailleurs pas « passer à table », pour « faire des aveux » ?

La table est aussi un lieu de confrontation qui nous place sous le regard des membres de la famille, de leurs attentes comme de leurs jugements. On retrouve les individus qui mobilisent, monopolisent l'attention, et ceux qui restent silencieux. Selon sa place et son rang, l'enfant doit apprendre à se positionner par rapport à ses frères et sœurs, mais aussi par rapport à un père dont la parole est exigeante ou au contraire insignifiante, par rapport à une mère dont il faut satisfaire les attentes et les demandes de gratification.

Il faut accepter les uns les autres leurs manies, leurs manières jusqu'aux manifestations des corps eux-mêmes qui risquent de faire l'objet d'énervement ou de répulsion. Les bruits de déglutition peuvent donner envie de quitter la table. Ou la soupe, que les « anciens aspirent à même l'assiette et bruyamment, au grand dam des grands enfants devenus citadins ». Scènes trop bien décrites par Jacques Brel ou Jean Ferrat. Le repas permet de côtoyer quotidiennement le « corps » familial qui mastique, ingère, et se nourrit de nourritures qui sont solides autant qu'affectives.

Si l'on mange des aliments à table, on mange aussi des mots. Les paroles, les silences comme les plats circulent ; les non-dits sous-tendent les propos. Ne dit-on pas aux enfants qu'il faut tourner sept fois sa langue dans sa bouche avant de parler ? Ou qu'il est déconseillé de parler la bouche pleine ? Ou, tout simplement, interdit ou intolérable de couper les adultes, a fortiori à table… ?

Dans la plupart des familles, la parole comme la tenue à table réclament un apprentissage. La parole à table met au courant des faits et des situations de chacun des membres présents. Il s'agit le plus souvent de conversations anodines, brassant les rituelles questions sur la journée d'école, les notes obtenues ou les devoirs à terminer. De leur côté, père et mère se racontent le quotidien. « Paroles de table » qui disent les petits riens de la vie de tous les jours (Claude Javeau, *Sociologie de la vie quotidienne*, PUF, 2003). On évoque les prochaines vacances, le nouveau restaurant dans lequel on projette d'aller dîner... La parole rassure sur la présence réelle de la famille. Y compris dans ces menus propos insignifiants mais rassurants sur l'ordre des choses que la table remet toujours au goût du jour.

Toute-puissance de la mère nourricière

Le rôle de la mère nourricière est aujourd'hui à peu près clair, quels que soient les milieux sociaux et les situations. Elle nourrit avec plus ou moins de savoir-faire, trouvant (ou non) du plaisir à sa tâche. La dépendance nourricière d'un enfant à l'égard de sa mère va s'imposer tout au long de son existence. La mère détient une sorte de pouvoir, pouvoir de vie, pouvoir de mort. On est nourri au moins deux fois dans sa vie, par le lait et par l'amour, deux besoins complémentaires dont la mère sait jouer. Il faut que ça tienne au corps, mais au cœur aussi. Son pouvoir se situe bien là : manger et aimer. Le vocabulaire des échanges affectueux entre mères et enfants, mais aussi le langage amoureux, voire sexuel, sont révélateurs d'une équivalence de fonction entre ces deux termes, à l'instar d'un « je vais te croquer, mon petit chou », « il est trop mignon, je le bouffe »…

Paroles et injonctions au travers desquelles l'enfant est introduit, par ce qu'il sait ou devine de l'acte de manger, à l'ordre du symbolique, au langage, et finalement au sens profond des rapports sociaux et des relations humaines.

CHAPITRE 9
LA DÉSILLUSION : DE LA RUPTURE CONJUGALE AU DIVORCE

Ils vécurent heureux… mais pas tous les jours

Freud avait décrit l'état amoureux comme une folie passagère. C'est un bonheur absolu mais éphémère, disait-il. L'angoisse de la routine peut conduire la nouvelle génération à la frustration. Il faut que tout soit gai, *fun*, tout le temps. Pour Patricia, 32 ans, « passé l'excitation des premières semaines, la relation perd de sa superbe et on se retrouve dans un rythme ralenti. Je vais chez lui, on dîne, on regarde un film et on va se coucher. On va de temps en temps au restaurant et au cinéma, mais je suis vite déçue… » Anne Berland (*Célibadtrip*, Michel Lafon, 2016) explique : « Les couples ont la fâcheuse habitude de se séparer juste après la phase de l'emballement. Ils vivent dans l'immédiateté et se sentent frustrés dès que la routine s'installe. Sauf qu'elle fait partie de la vie, et ne pas l'admettre, c'est faire une croix sur l'amour. »

À chaque histoire, on croit à l'amour. Après chaque rupture, on y croit moins. Après la quarantaine, on a déjà connu non pas un mais plusieurs hommes ou femmes de sa vie. On a aimé, brisé des cœurs, on a été quitté, on a pleuré des rivières avant de retomber amoureux(se), certain(e)s d'avoir enfin trouvé *the one*. Pour finalement revenir sur son enthousiasme. Retour case célibat. Selon une étude britannique parue en 2011, avant de trouver son partenaire idéal, il faudrait vivre sept relations, dont cinq dureraient plus d'un an et demi. Pour être sûr de trouver le bon partenaire, faut-il changer d'apparence, provoquer les opportunités ou se créer un profil sur les sites de rencontres ? Selon le psychanalyste Moussa Nabati (*Réussir sa séparation pour tisser des liens adultes*, Fayard, 2018), « la quête du bon partenaire passe d'abord par une pause, un arrêt sur image de son passé sentimental, de ses échecs, de ses attentes. Au lieu de dresser un portrait robot improbable de l'homme idéal ou la femme idéale, d'être de plus en plus sélectif à chaque rencontre, cherchons plutôt à comprendre pourquoi cela ne dure pas avec son partenaire. »

Concrètement, il faudrait en finir avec le portrait idéalisé du partenaire parfait. Plus on vit des ruptures, plus on devient prudent, méfiant. On n'a plus envie de perdre son temps ni de s'infliger de nouvelles déceptions. Si cela n'a pas marché avec notre dernière relation, se dit-on, c'est parce que l'on n'a pas assez cerné le personnage avant de se lancer dans une romance avec elle/lui. Et il a fallu composer ensuite avec ses tics de langage et sa manie de se couper les ongles dans l'évier de la cuisine. Le prochain, c'est décidé, passera sous le détecteur à défauts avant même le premier dîner aux chandelles. On brosse la fiche signalétique de la personne idéale : il doit être scorpion, champion de tennis, et doué aux fourneaux. Si ce spécimen existe, parions qu'il habite sur une autre planète. Pour Moussa Nabati, « la quête de l'homme parfait, censée baliser la rencontre, limiter les déceptions, révèle surtout cette représentation de l'amour : une relation pourrait nous combler sur tous les plans. Croire que ce surhomme existe est le meilleur moyen de rester seule car nul ne sera à la hauteur des attentes. »

Il faudrait également se méfier du phénomène tout nouveau tout beau. Idéaliser l'autre, au début c'est normal et même souhaitable. Cet état de grâce ne dure pas longtemps, alors autant en profiter. Mais ce n'est certainement pas durant cette phase du tout nouveau tout beau qu'il faut faire des projets, emménager chez son amoureux avec son coton de Tuléar. Tôt ou tard, il y aura de la friture sur les ondes, le chien va grignoter les câbles de l'ordinateur. Premier sujet de dispute, ciel amoureux assombri. Ensuite, idéaliser l'autre, c'est vite pesant dans la mesure où nul n'a envie d'être parfait H24. Dans une relation normale, on passe le cap de l'idéalisation et on s'ajuste à la réalité, aux défauts de l'autre.

Enfin se recentrer sur soi, sur ses attentes. Plus on a envie d'être en couple, plus on est prêt à prendre sur soi pour se conformer au désir de l'autre. C'est ainsi qu'on se retrouve à partir en week-end chez ses beaux-parents alors qu'on rêvait d'une pause grasse mat' tranquille. Bientôt on passe au blond alors qu'on avait juré ne jamais changer de tête pour plaire à un homme. Être à l'écoute, faire plaisir oui, mais donner de soi une image faussée, non. À long terme cela crée des malentendus. « Se recentrer sur soi, c'est pourtant la clé de la réussite en amour », confirme Moussa Nabati.

Surmonter une rupture

Rupture rime avec abandon, déprime et attente. On a beau dire, mieux vaut quitter qu'être quitté(e). Dans un cas, on décide, dans l'autre, on subit, sans toujours avoir droit à des explications. S'ajoute à la douleur de perdre sa moitié celle d'avoir été sourd€ et aveugle. Les amis n'y vont pas de main morte avec leurs réflexions : « tu n'as rien vu venir ? », « je t'avais pourtant prévenue qu'elle lui tournait autour », « j'ai essayé de t'ouvrir les yeux vingt fois ».

Non content(e) d'être débarqué(e), on se sent bête, moche, d'un coup on prend dix ans. Avec un ciel aussi chargé, Vénus en exil et Mars au tapis, on n'a pas besoin de ce genre de conseils : « sors, secoue-toi, tu vas rebondir » ou « oublie-le, il n'en valait pas la peine », nous laissant entendre que nous avons vécu trois ans et trois mois avec un pauvre type. « Redeviens celle qu'il a connue et il reviendra » (*flash-back*, octobre 2014, on était la même en plus jeune, plus mince, plus ferme, à part ça tout va bien).

Parfois, ce sont les plus proches ami(e)s qui s'inquiètent. Ce fut le cas de Juju pour son amie Kat. Atteinte d'une tumeur cancéreuse qui nécessita deux opérations consécutives complexes, Kat a semble-t-il davantage souffert de la rupture d'avec l'homme de sa vie que de son combat contre la maladie. « Pour la première fois depuis notre rencontre, j'ai eu peur pour ma meilleure amie. Il y avait des moments où rien n'existait hormis sa souffrance, me raconte Juju. Elle se consumait littéralement, s'éteignait, ne ressentant plus la faim, la fatigue ou la douleur physique de la maladie qui la dévorait de l'intérieur. Elle se moquait de tout, de la mort comme de la vie, elle flottait entre deux eaux, regardait les gens autour d'elle sans les voir, perdait le sens des réalités. Elle était dans du coton, emmurée, prisonnière de son monde. J'ai déjà croisé le chagrin mais cette souffrance était différente, terrible, animale, une sensation de vide, d'un gouffre qui vous aspire. Je considère Kat comme une sœur. Cette période a été très difficile pour moi aussi. Lorsqu'elle retrouvait ses facultés, elle analysait, décortiquait sa vie à la pince à épiler, comme on dissèque une grenouille en classe de biologie, c'est une constante chez elle, chercher à comprendre ce qui s'est passé dans la cervelle de l'homme qui l'a trahie, comprendre pour ne pas devenir folle. Rien n'est linéaire, tous ses sentiments étaient exacerbés, ses absences comme ses emportements soudains qui lui donnaient envie de tout larguer. Mais ce n'est pas dans sa nature. Finalement je crois que ce va-et-vient lui a permis d'affronter le quotidien. J'ai toujours ressenti chez elle un puissant instinct de survie. Il n'y a pas d'éclaboussures, pas d'esclandre, pas de menaces, pas de chantage. Elle est digne. Elle est forte. Elle est belle aussi, belle sous toutes les coutures. »

C'est sûr, pour surmonter une rupture, on doit être proactive dans le processus de deuil, ne rien attendre de l'entourage. Surtout pas des conseils, les autres étant souvent dans la projection de leurs propres peurs et désirs. Cinq étapes paraissent pourtant nécessaires pour compter sur soi et reprendre son moral en main :

Premièrement, il semble indispensable de se repasser le film à froid. L'hyperactivité, l'autoflagellation ne sont pas des solutions viables à long terme. Les « j'aurais dû / si j'avais su » sont inutiles, on ne revient pas en arrière. On n'a probablement pas su interpréter certains signaux (fuite dans le travail, désinvestissement de la relation). Ce qu'il faut, c'est comprendre pourquoi on en est arrivé là. Le « on » est important. Selon Jean Van Hemelrijck, psychothérapeute de couple et de famille (*La malséparation*, Payot, 2016), « quitté(e), on est tenté(e) de s'attribuer tous les torts ou de rejeter la faute sur l'autre. Il faut prendre sa part de responsabilité pour sortir du rôle de victime, d'où la nécessité de répondre à ces questions : pourquoi a-t-on formé ce couple ? Qu'est-ce qui a mal fonctionné ? » On ne l'aurait pas un peu idéalisé cet esthète qui a plus travaillé les muscles ischiojambiers que l'intellect ? Ce cinéphile qui se gavait de blockbusters ? Au fil du temps, des tensions sont apparues. Lesquelles ? Avions-nous envie de partager ensemble les grands chantiers de la vie ? Au nom de l'amour, qu'avons-nous accepté ? On a peut-être fait l'autruche pour éviter le conflit, cédé sur des points importants, au risque de nier ses propres besoins : en être conscient, c'est utile pour changer de manière d'être en amour.

Deuxièmement, il faut se construire un réseau en dehors du couple. Tout comme le partage des affaires, on procède à un tri des amis communs. Entre ceux qui prennent parti, ceux qui, dans leur envie de nous rabibocher, entretiennent de faux espoirs, le tri est vite fait. D'où la nécessité de se refaire un réseau tout neuf, sans passé ni casseroles.

Troisièmement, il faut retenir le meilleur de son ex pour aimer à nouveau. L'entourage nous serine « un de perdu, dix de retrouvés », on répond « je ne retrouverai jamais personne ». La vérité, heureusement, est entre les deux. Un couple ne cesse pas d'exister le jour de la rupture. Lorsqu'on a aimé quelqu'un, partagé sa vie, son quotidien, se défaire de la relation prend du temps, rappelle Jean Van Hemelrijck. D'où l'intérêt de revisiter son histoire en faisant reluire à la fois les vilains côtés et les jolies facettes. C'est notre patrimoine ces bons moments, et notre liberté de choisir de les garder ou non. Se souvenir qu'il y a eu de l'amour, cela nous grandit, nous valorise. Veuve d'un amour, nous voilà potentiellement cœur à prendre. Signe que la rupture, c'est derrière nous.

Quatrièmement, lui parler, lui écrire, même s'il fait le mort. L'autre ne prend pas toujours la peine d'une discussion conjointe. Il peut même louvoyer « j'ai besoin de prendre l'air ». Évidemment, c'est qu'il y a déjà une autre femme derrière le rideau. La personne quittée éprouve alors le besoin de lui dire tout ce que l'on a sur le cœur. Difficile au début, les insultes peuvent fuser, ce n'est qu'après que le discours se construit. S'il disparaît, bloque notre contact, ne veut rien entendre, on patientera le temps de laisser passer l'orage. Mais il est recommandé de dire ce que l'on a sur le cœur. De relater notre version, nos émotions. Écrire peut permettre de réparer et parfois de dire ce que l'on n'a pas pu dire.

Cinquièmement, se recentrer sur soi, sur sa petite personne. Quitté(e), la dernière chose dont on a envie, c'est de penser à l'avenir, pire encore à soi. Des paroles maladroites ou blessantes peuvent abîmer durablement : « ne t'en fais pas, tu es encore désirable », tout est dans le « encore ». Moins d'entrain au lit, des baisers qui se font plus rares, et notre ego en prend un coup. La blessure narcissique est souvent profonde. C'est pourquoi, tout est bon à prendre pourvu que ce soit un moment personnel, non connecté à lui. Il est primordial de se réapproprier son corps, son image.

La séparation 3.0

Avant la vie 3.0, on saoulait nos amis à coups de soirées diapos où, avachis dans notre canapé, ils étaient contraints de pousser des cris de joie devant notre couple enlacé face aux pyramides. Aujourd'hui, notre vie amoureuse est accessible 24h sur 24. Moi et lui à Nice, moi et lui à Valras-Plage, nous et les enfants sur la plage de l'Île-Rousse, on se raconte et concrètement on se la raconte aussi beaucoup. Il est vrai que l'on a mis à notre disposition des outils fantastiques qui permettent instantanément de gérer deux fonctions : voir et être vu. Ce strip-tease permanent, qui nourrit les exhibitionnistes autant que les voyeurs du Web, fait voler en éclats les frontières de l'intime et de l'extime. Si la chose n'est pas photographiée, si le couple n'est pas mis en scène, c'est un peu comme si cela n'existait pas. Alors on gave nos spectateurs d'images de notre amour, de notre famille pour l'ancrer dans le réel.

Cela se complique évidemment lors d'une rupture. Au moment d'une séparation, comme il y a interpénétration des cercles amicaux, on voit des choses que l'on ne devrait pas voir et cela peut rendre fou. « J'ai des consultations où l'on ne me parle que de l'activité digitale de l'autre, confesse le psychanalyste Michael Stora (*Hyperconnexion,* Larousse, 2017). Les gens doivent être conscients de la perversité de ces mécanismes, et bloquer cet entourage pour un temps au moins ». On *stalke* (traque), on envoie des espions, on bloque, on sourdine… 90 % des utilisateurs de Facebook utiliseraient le réseau pour garder un œil sur leur ex. Virtuellement lié à jamais dans les méandres d'Internet (les fameux souvenirs envoyés par Facebook qui viennent vous hanter des années après), se séparer après s'être exposé devient alors un casse-tête. De quoi sérieusement regretter un jour de s'être ajouté.

Réussir sa séparation

Des divorces qui patinent. Des ex-conjoints qui épuisent leur entourage, éreintent leurs comptes en banque, abîment leur progéniture… Depuis quelques années, de plus en plus d'avocats, de médecins et de psychothérapeutes font le même constat : les récits de séparations conjugales très compliquées sont de moins en moins exceptionnels. Jean Van Hemelrijck en témoigne : désormais on rompt souvent avec difficultés et fracas. Dans les cris et les menaces… conflits sur le mode de garde, la pension alimentaire, les vacances… « Avec le père d'Amélie 14 ans, on ne s'est rien épargné, témoigne Isabelle, 44 ans. D'ailleurs, je lui ai souvent dit : "Maintenant que l'on ne s'aime plus, on s'haine !" Résultat, deux ans après être passés chez le juge, on reste tous les trois traumatisés ! »

Pourquoi tant de souffrances ? Parce que vivre au quotidien la malséparation peut vite tourner à la torture psychique. Cette impossibilité moderne de se détacher de son ancien partenaire en entretenant des liens hostiles est souvent ravageuse : pour retenir l'autre, on se cabre… Quitte à (se) nuire. En manipulant les enfants par exemple. Ou en brandissant le patrimoine immobilier pour s'enferrer dans des disputes… Un calvaire, le lien conjugal mal dissolu Qui, aujourd'hui, inquiète familles et professionnels. Car, on le sait, dans un foyer, ce n'est pas tant le divorce qui fait des dégâts que la manière dont il est opéré…

Les cas de séparations violentes ont toujours existé. « Si tu me quittes, je te tue ! » hurle Don José à Carmen. « Si tu me quittes, je me tue », hurle Madame Butterfly.

Reste que, jusqu'à présent, ces situations restaient assez minoritaires. Mais, en 2018, exit l'exception. Dorénavant, entre ex-conjoints, on s'entend souvent pour ne pas se séparer vraiment en maintenant le feu de la colère. La raison ? « Nos recherches pointent le même phénomène dans plusieurs pays : plus la législation autour du divorce s'allège, plus les séparations deviennent conflictuelles », commente Jean Van Hemelrijck. Si, sur le plan purement théorique, l'évolution du droit autour du divorce est plutôt une bonne idée, dans les faits, accélérer les démarches a déclenché la délocalisation du conflit conjugal de la scène juridique vers la sphère sociale. Parce que pour se séparer, certains ont besoin de combattre, tant il leur est insupportable d'accepter l'échec. C'est donc un nouveau fait de société : une fois le verdict de la rupture prononcé, de plus en plus de personnes ont besoin d'en découdre dans une théâtralité qu'ils réservaient jusque-là au prétoire.

Certains couples continuent donc de s'écharper après leur rupture, entretenant ainsi un lien. On peut s'interroger sur ce qui pourrait signifier que l'on a raté sa séparation, voire que l'on serait mal séparé. Jean Van Hemelrijck apporte des réponses intéressantes. « Une séparation est une déflagration. Pour ne pas sombrer dans le désespoir qu'elle occasionne, certains couples continuent, bien après la désunion, de "danser à deux". Mais au lieu de s'aimer, ils se détestent.

La haine remplace l'amour, la rage se substitue à la tendresse. Il suffit qu'un seul des deux partenaires mette en place cette stratégie pour que l'autre se retrouve prisonnier car il est très difficile, voire impossible de se dérober à l'agressivité ou à l'humiliation de l'autre. »

Quand on forme un couple, on s'inscrit dans une mémoire, on se projette dans un avenir. Se séparer, c'est se confronter au vide, à la perte, à l'absence du corps de l'autre, à la peur de la solitude, de la vieillesse, du regard des autres. Cela fait également ressurgir de vieilles blessures auxquelles il faut faire face. Car dans le couple, on se soigne souvent l'un l'autre. On pense inconsciemment que l'être aimé peut nous guérir d'une meurtrissure. Pour donner un exemple, un homme qui s'est toujours trouvé laid s'est enfin vu beau grâce au regard de sa femme. La séparation risque de raviver ce sentiment de laideur et la douleur associée. Maintenir le lien, même agressif, c'est le laisser continuer à remplir sa fonction imaginaire. Cela reste parfois moins douloureux que de se sentir abandonné et trahi.

Les conséquences de cette stratégie de lutte sont pourtant très concrètes. Cela empêche la reconstruction d'un autre lien amoureux : difficile de nouer une nouvelle relation quand on est tellement encombré de l'autre… C'est comme si, d'une certaine manière, on était encore en couple.

Jean Van Hemelrijck rappelle à juste titre que pour bien se séparer et défaire ce lien, il faut avoir en tête que lorsque l'on a aimé quelqu'un, que l'on a partagé sa vie, se défaire de la relation prend beaucoup de temps. Il en faut pour construire un couple, il en faut pour le défaire. Après l'histoire d'amour, le couple doit inventer son histoire de désamour. Pour cela, il est indispensable de ne pas rester figé dans l'instant ultime de la rupture, de la trahison, de la douleur. Il faut, au contraire, regarder en arrière, se retourner vers son passé, pour penser le couple que l'on a formé. Quand on en arrive à voir son ex autrement que comme un lâche, un menteur ou quelqu'un qui nous a déçus, on peut enfin avancer. Pour bien vivre une désunion, il faut se rappeler le patrimoine commun, comprendre que l'on a compté pour la personne avec laquelle on a partagé une partie de sa vie. Cette prise de conscience apaise.

En 2019, Netflix frappe un grand coup avec le film *Marriage story* qui raconte une histoire d'amour et de divorce. D'un côté, Charlie (Adam Driver), metteur en scène de théâtre new-yorkais en pleine ascension ; de l'autre, Nicole (Scarlett Johansson), actrice hollywoodienne à succès. On les découvre chacun leur tour faisant le portrait de l'autre avec beaucoup d'humour et d'affection. Ces deux-là s'aiment à coup sûr. Ou se sont aimés. Pourtant, quelque chose s'est cassé entre eux, au fil des années. Juste une fêlure, des non-dits, des petites frustrations qui les conduisent à une thérapie de couple puis chez les avocats où tous les coups sont permis. Il faut voir Charlie et Nicole se déchirer face à leurs conseillers pervers (Laura Dern et Ray Liotta). C'est le temps des règlements de comptes, des bassesses, des horreurs enfouies où tout est bon pour soutirer de l'argent à l'autre. Qui va avoir la garde de leur enfant, Harry, 5 ans ? Sa mère suit sa carrière à Los Angeles et son père ne peut pas abandonner sa troupe à New York. Le parcours est sinueux, cruel et les dommages collatéraux insondables.

Les coachs du chagrin d'amour

Avant, pour soigner notre cœur meurtri, on écoutait des chansons tristes et on sifflait une bouteille de rouge ou de vodka, voire les deux, comme Bridget Jones. Depuis 2018, on télécharge des applis. Break-Up Boss propose ainsi tous les outils et techniques pour faire face à chaque étape de la rupture, mais seulement en anglais. Il y a même une fonction « SMS à un ex », qui permet d'envoyer des textos lamentables à l'objet de sa douleur, tout en conservant sa dignité puisque ces SMS ne parviennent jamais au destinataire car « renvoyés vers le trou noir d'un univers parallèle ». Objectif de la manœuvre ? Se sentir mieux après avoir exprimé sa rage, selon la créatrice australienne de l'appli, Zoe Foster Blake. Il y a aussi Mend, coach personnel de chagrin, que l'on retrouve sur l'Apple Store. Au programme : « détox d'ex en 28 jours », avant la phase 2 : « passer à autre chose ». Créée par Elle Huerta, ex-programmeuse sur Google, l'appli envoie des encouragements quotidiens ainsi que des conseils pour mieux dormir et manger. Son thérapeute virtuel écoute aussi toutes les jérémiades, et y répond d'une voix douce, grâce à un algorithme programmé pour avoir une patience illimitée.

« Ce coach de rupture reflète notre tendance croissante à tout faire en ligne, explique-t-elle. La technologie a déjà changé la façon dont nous mangeons, dont nous nous déplaçons et dont nous tombons amoureux. Alors quand j'ai vécu une rupture douloureuse et constaté que les soutiens disponibles étaient très rares, j'ai eu envie d'inventer quelque chose... »

À l'heure où 44 % des mariages finissent en divorce, les largués sont une cible très prisée.

Des retraites pour âmes blessées essaiment partout dans le monde. En Angleterre, Sara Davison, coach de divorce, propose une *break-up recovery retreat*, littéralement retraite de convalescence de rupture. Le programme est centré sur la psychologie positive, avec notamment des exercices proposant de griffonner sur un papier ses pensées négatives, avant de faire un câlin à la feuille et de la déchirer. Sans oublier la liste de gratitudes qui aiderait à se persuader que le bonheur finira par arriver, façon méthode Coué. À la fin de la retraite, on propose aux participants de s'inscrire sur un groupe WhatsApp pour échanger avec ses copains-copines de séminaire.

L'amour a bien changé, aux yeux de Jean-Claude Kaufmann (*L'amour qu'elle n'attendait plus*, Hugo Publishing, 2018) : « À la grande période du romantisme, au XIXe siècle, le chagrin d'amour était accepté et même recherché car il fallait souffrir pour que l'élan sentimental soit véritable et puissant. Le chagrin était la preuve que l'on était capable de vivre ces vibrations intenses. Aujourd'hui, nous rêvons d'amour, mais nous ne voulons plus souffrir. D'où le développement d'un marché du divertissement pour le plaisir et du soin psychologique et physique pour le bien-être. Chaque occasion est bonne pour que soient offerts de nouveaux services. Il fallait bien que ce soit le cas un jour pour les ruptures. »

Il faut dire qu'on largue à échelle industrielle, comme le constate Lisa Letessier (*La rupture amoureuse*, Odile Jacob, 2014), psychologue clinicienne et thérapeute de couple qui, en dix ans de terrain, mesure l'effet Tinder et d'autres applis de la tentation : « On se bat moins pour son couple parce qu'il existe un supermarché de substitution. J'ai de plus en plus de patients qui se plaignent de ruptures brutales. » Lisa Letessier a mis en place une thérapie spécifique pour les ruptures amoureuses. « J'intègre une phase de sevrage des réseaux sociaux, qui rendent le deuil presque impossible. Dès le réveil, certains épient le profil de leur ex et peuvent passer 75 % de leur journée à chercher ses traces numériques. Alors on coupe tout. »

Avant, on souffrait le martyre dans son grand lit vide, aujourd'hui, on veut des solutions rapides… bien qu'un cœur brisé, comme une jambe cassée, ne se répare pas en cinq jours. Pas certain qu'un algorithme aide à comprendre ces vieux schémas d'abandon, mais on peut toujours mettre toutes les chances de son côté, telle l'actrice américaine Lena Dunham qui, en plus de visites régulières à son psy, a suivi un coaching très concret pour digérer le départ de son amoureux Jack Antonoff : « J'ai rédigé la liste de toutes les activités qui me procurent de la joie, à part le travail et la masturbation, et j'ai trouvé que prendre un bain était un bon début, car c'est quelque chose que l'on fait naturellement seule. » Pour apprivoiser le silence, elle lit aussi de la poésie et a mis à l'épreuve sa dépendance affective en allant dîner seule au restaurant. À bon entendeur…

« Une rupture subie est un moment de désarroi lié au fait que le couple n'est pas seulement un décor, mais que la personnalité s'y enracine et est transformée par lui », rappelle Jean-Claude Kaufmann. Une sortie de couple provoque donc une totale reconstruction de soi. Il faut se réinventer, qu'on le veuille ou non, le pire étant de rester fixé sur le passé. En cure de convalescence, on peut toujours s'offrir la bande dessinée *I'm every woman* de Liv Stromquist qui recense les pires amoureux de l'histoire, d'Ingmar Bergman à John Lennon. Pour se rappeler que, parfois, le célibat, c'est pas mal.

Séparés mais vivant sous le même toit

Dans le film de Dominique Farrugia *Sous le même toit*, Louise Bourgoin et Gilles Lellouche se séparent de corps mais pas de biens, parce qu'ils n'en ont pas les moyens. La colocation forcée après quinze ans de mariage, ce n'est pas vraiment la fête à la maison. Un jour, pour relancer leur vie de couple routinier, Delphine propose à Yvan d'aller voir ailleurs, chacun de son côté. Yvan s'y oppose mais il ne s'est pas écoulé 24 heures avant qu'il ne la trompe. Delphine le somme de quitter la maison et demande le divorce. Yvan, qui n'a jamais eu un métier dont il puisse vivre, se retrouve à la rue. Avant de basculer SDF, il se souvient qu'il détient 20 % de la maison, ce qui lui permet de réintégrer de force le foyer. Qu'à cela ne tienne, il ne jouira que de 20 % du frigo et d'autant de pourcentage de temps dans la salle de bain. À cela on ajoute la garde alternée une semaine sur deux à domicile. La guerre des ex semble déclarée.

Ce film dans l'air du temps rappelle *Papa ou maman* de Martin Bourboulon, en moins méchant, pour la guerre des tranchées, les coups bas et autres vacheries devant les enfants qui trinquent.

On peut également citer le film *L'économie du couple* de Joachim Lafosse. Bérénice Bejo et Cédric Kahn, divorcés, eux aussi dans l'obligation de cohabiter pour des raisons financières. Marie et Boris (leurs personnages) ne s'aiment plus. Ils y croyaient pourtant à leur histoire. Un mariage, une jolie maison, des jumelles. Et puis, le poison a fini par s'immiscer. Celui du quotidien, du train-train de la vie ordinaire qui aiguille progressivement chacun dans des directions différentes. Un son, une démarche, un geste, tout ce qui était à verser du côté du charme glisse peu à peu vers le dégoût, ce qui nourrissait la passion se transforme en exaspération. C'est l'histoire d'un huis clos autour d'un homme et d'une femme qui ne s'aiment plus mais qui vont devoir continuer à vivre ensemble sous le même toit avec leurs filles. Madame a payé la maison, Monsieur a réalisé tous les travaux qui l'ont embellie. Alors qui doit partir ? Qui doit payer ? Comment s'organiser ?

Véritable phénomène de société, lorsque l'on sait que 60 % des couples séparés à Paris sont forcés de vivre sous le même toit. Il est légitime de se poser la question de la reconstruction de soi. Comment se reconstruire si on continue de voir son ex en caleçon au petit-déjeuner ?

Avec la hausse des loyers dans les grandes villes, notamment dans la capitale, le mouvement se serait amplifié ces dernières années en France. Même si, comme le précise une récente enquête de l'INED pilotée par le sociologue Claude Martin, « ces situations conjugales sont pour une bonne part invisibles et difficiles d'accès au regard sociologique ». Les sociologues peinent d'ailleurs à les nommer : doit-on parler de « cohabitations forcées » ? D'individus « séparés cohabitants » ?

Habitudes de vie, contraintes économiques, peur de ne plus voir les enfants… la séparation n'est jamais simple. « C'est un processus lent qui nécessite beaucoup d'attention et qui ne peut se régler par une simple démarche administrative », rappelle Jean Van Hemelrijck. Surtout lorsqu'on est obligé de continuer à partager son quotidien et son intimité. « Construire un couple, c'est construire de l'intimité. Après la séparation, il faut en réinventer une nouvelle. On ferme des portes jusqu'alors grandes ouvertes, on érige des frontières là où régnait la libre circulation ». Dans la salle de bain, lieu intime par excellence, Marie ne supporte plus de voir entrer Boris quand elle est nue dans la baignoire. Présence anodine quand on s'aime, intrusive quand l'amour a disparu. « Les couples séparés qui cohabitent ne peuvent s'en sortir que s'ils mettent en place une géographie rigide, une gestion des territoires stricte. »

Ce qui n'empêche en aucun cas une certaine forme d'ambivalence. L'amour n'est mort que partiellement. Une part de nous reste forcément attachée à l'autre. On n'efface pas de sa vie, de son corps, de sa mémoire celui qu'on a aimé et que l'on aime peut-être encore.

Ma séparation a fait de moi un meilleur parent

Parents en solo ? Peut-être est-il grand temps d'arrêter de culpabiliser. Quitter son conjoint est parfois l'occasion de s'investir davantage dans l'éducation de ses enfants. La garde alternée peut profondément changer notre rapport à nos enfants. La fin d'un couple n'a pas forcément que des conséquences négatives pour les enfants. Les adultes s'imaginent qu'ils seront moins présents, stressés par les problèmes matériels et domestiques. Ou bien que l'apparition d'un nouveau conjoint nuira aux relations avec les enfants. Pourtant, les choses ne sont pas si caricaturales. De nombreux pères ont l'impression de s'améliorer après une rupture. Même si on passe moins de temps avec ses enfants après une séparation, la qualité du temps passé est meilleure. On cherche plus aisément à créer des moments privilégiés avec eux, de longues discussions. On évite le « j'étais absent tout en étant présent ». En famille, pris par le quotidien, on ne répond pas toujours à la demande d'un enfant, on ignore certains de ses comportements, espérant que notre partenaire s'en chargera à notre place. Pour l'enfant, une séparation peut être l'occasion de rencontrer son père ou sa mère.

Après les orages de la mésentente, le parent peut retrouver une certaine sérénité. Ce qui a des conséquences positives sur les rapports qu'il entretient avec son enfant. « Dans les derniers temps de notre relation, l'atmosphère était devenue irrespirable à la maison, explique Olivier, 42 ans. Il régnait entre ma femme et moi une tension permanente, une agressivité dont les enfants pâtissaient. Aujourd'hui, je vais mieux et ils vont mieux aussi. » Si la rupture est toujours un moment difficile à vivre pour les enfants, ils peuvent par la suite en tirer de nombreux bénéfices. Souvent, le plus traumatisant pour eux, c'est la période de conflits qui la précède. La séparation elle-même soulage les enfants de cette violence et de cette intranquillité.

Il n'est pas rare de voir des enfants métamorphosés par la famille recomposée. Voir son père ou sa mère heureux, c'est un facteur d'équilibre énorme. Et cela peut même avoir de la valeur éducative. On pense souvent que l'éducation passe seule par des principes qu'on inculque à ses enfants, par les activités que l'on mène avec eux. Mais il y a aussi le modèle qu'on leur donne. Un parent qui a réussi à se sortir d'une relation étouffante, aliénante, où il était malheureux, écrasé par son conjoint, va forcément incarner un exemple positif pour son enfant.

Il ne faut toutefois pas oublier que certains parents s'impliquent au maximum avec leur enfant non pas tant pour leur épanouissement que pour prendre une revanche sur leur ex. Une démarche parfois inconsciente. Selon le pédopsychiatre Daniel Bailly (*Déculpabilisons les parents*, Odile Jacob, 2013), « on en fait des tonnes avec son enfant pour régler ses comptes avec l'autre, pour lui montrer que l'on s'en occupe mieux que lui. Les enfants sont instrumentalisés dans des relations malsaines qui les déchirent et les culpabilisent. Cela est très nocif. » Autre situation qui n'est guère plus positive : si le parent séparé se plie en quatre en raison d'un fort sentiment de culpabilité.

L'éducation ne se résume pas seulement à un rapport à l'enfant, c'est aussi un rapport à l'autre parent. Si la conjugalité s'arrête, la parentalité continue. C'est pour cette raison, et pour le bien de l'enfant, que les parents séparés doivent se mettre d'accord sur un certain nombre de préceptes éducatifs et que, surtout, ils ne se dénigrent pas l'un l'autre devant leur enfant. Car cela peut être dommageable pour l'enfant qui se trouve pris dans des conflits de loyauté culpabilisants voire traumatisants.

Le congé de paternité : un moyen de s'emparer de son rôle de père ?

Le congé paternité est envisagé comme un sujet tout à fait secondaire dans une société qui n'est pas du tout sensible aux questions de genre. Les chiffres fournis par le service statistique des ministères sociaux sont éloquents : 38 % des Français le trouvent trop court. Chez les 18-24 ans, le chiffre grimpe à 63 %. Le renforcement du congé de paternité semble à la fois dans le sens de l'avenir et clairement pas du tout à l'ordre du jour. Rappelons qu'aujourd'hui en France, la durée du congé de paternité et d'accueil de l'enfant est fixée à 11 jours calendaires consécutifs.

Pour beaucoup, ce congé fait figure de lubie féministe, de luxe grotesque en ces temps de restrictions budgétaires. Il n'était pas vraiment populaire non plus en 2002, lorsqu'il a été créé par Ségolène Royal. Il y avait eu énormément d'opposition. Contre toute attente, il est entré dans les mœurs à une vitesse exponentielle, dépassant dès la première année l'objectif annoncé de 40 % des pères intéressés.

« Quand on donne cette possibilité-là aux pères, ils la prennent, confirme la sociologue Anne Solaz (*Entre famille et travail*, La Découverte, 2005). Nous avons réalisé une étude sur une cohorte d'enfants nés en 2011, on voit que les pères qui ont pris le congé sont plus investis et passent plus de temps avec l'enfant. » De nombreuses études ont démontré que le fait d'être présent auprès du nourrisson favorise l'implication paternelle sur la durée. Et même si l'on peut imaginer que ceux qui le prennent sont par définition les plus impliqués, il semblerait que le congé aide aussi à développer un sentiment de compétence qui les accompagne ensuite.

« En fait, il s'agit de savoir comment articuler, au sein de la famille, les tâches de production (le travail professionnel des parents) et les tâches de reproduction (les soins et services) », résume l'historienne de la maternité Yvonne Knibiehler (*Réformer les congés parentaux. Un choix décisif pour une société plus égalitaire*, Presses de l'EHESP, 2019). Derrière les obscurs quotients conjugaux et les affaires de congés parentaux, il y a des volontés politiques, des idées de la famille : celles que l'on veut valoriser, celles qui se trouvent pénalisées. Que disent de notre conception de la parentalité ces onze jours optionnels pour les hommes et ces seize semaines accordées aux femmes ? Au-delà de la grossesse et de l'accouchement, dont les suites sont difficiles à prévoir, qu'est-ce qui justifie une répartition si disproportionnée et inflexible ? Que dit la qualité facultative de ce congé de ce que l'on attend d'un père ?

La conciliation de la vie familiale et professionnelle est une préoccupation très importante pour les salariés, y compris les hommes. Certaines entreprises ont choisi d'offrir des avantages à leurs employés. Ikea, Facebook, Axa, Twitter, L'Oréal ou la Caisse des Dépôts dépassent les onze jours prévus par la loi. Salesforce, multinationale high-tech, a adopté une politique généreuse de douze semaines de congé de paternité et vingt-six de congé de maternité. Précisons que les douze semaines sont d'ailleurs allouées non pas au père mais au « *second caregiver* » (la personne responsable), quel que soit son sexe, et incluent de ce fait les homosexuels. Les conséquences d'un tel dispositif sont clairement affichées par l'entreprise. « On s'aperçoit que les gens qui prennent ce congé sont très heureux. Plus on s'occupera du bien-être de nos employés, plus ils seront motivés. Et donc (en dernière lecture) performants » annonce Olivier Derrien, directeur général de Salesforce France.

CHAPITRE 10
LA MONOPARENTALITÉ

Nous l'avons vu précédemment, la définition et les contours de la famille se redessinent à mesure que la société, les mœurs et les modèles évoluent. L'émergence sociale des foyers parentaux apparaît comme un signe tangible des bouleversements que vivent le couple et la famille en général.

Les familles monoparentales sont donc de plus en plus nombreuses dans tous les pays européens. Elles correspondent à des réalités différentes, et sont inégalement représentées. La structure des ménages monoparentaux dans l'Union européenne se répartit entre : célibataires : 21 %, veufs : 22 %, séparés ou divorcés : 57 %, 84 % sont des femmes. En 1996, la proportion de familles monoparentales par rapport à l'ensemble des familles dites « classiques » varie de 23 % au Royaume-Uni, 19 % au Danemark, en Belgique, en Finlande. En France, leur nombre évolue de 9,4 % en 1975, 10,2 % en 1982, 13,2 % en 1990 à 18 % en 1999. L'évolution s'est traduite de façon différenciée selon les pays : avec une forte augmentation au Royaume-Uni et en France dans les années 1990, et plus récemment en Europe du Sud. Le nombre d'enfants vivant dans une famille monoparentale progresse partout en Europe, et ce d'autant plus en fonction de leur âge : en France, la proportion passe de 9 % pour les 0-2 ans à 19 % pour les 18-24 ans.

La monoparentalité, formule inventée à la fin des années 1970, évolue peu à peu. D'abord parce que le regard que l'on porte sur la mère seule a changé. Hier encore, certains psychologues dénonçaient une catastrophe, allant jusqu'à rendre ces mères responsables de l'échec scolaire et de la délinquance de leurs enfants. La banalisation est passée par là, et ce discours stigmatisant s'est estompé. Les mères célibataires étaient mises au ban d'un modèle patriarcal qui défiait la famille classique. Aujourd'hui, les familles monoparentales représentent près d'un quart des foyers français. Et 85 % d'entre elles ont à leur tête une femme. Une situation sur laquelle on continue de porter un regard en apparence bienveillant, mais finalement très intransigeant comme l'explique Madeleine Loiseau, coach en relations affectives. Elle observe qu'aucune fragilité n'est permise à ces mères dont on exige qu'elles remplissent seules les mêmes tâches que si elles étaient deux. Une pression que celles-ci s'imposent à leur tour, dans une quête de perfection souvent décourageante, stressante et culpabilisante.

Comme l'explique le psychanalyste Serge Hefez (*La fabrique de la famille*, Kero, 2016), « la poussée de l'individualisme a contribué à banaliser la monoparentalité. Quand un couple souhaite un enfant, il sait que celui-ci aura toujours un père et une mère, mais qu'ils ne resteront pas forcément ensemble. » En d'autres termes, comme on ne veut rien céder de l'épanouissement personnel, on a conscience que la séparation est possible. Le schéma de la monoparentalité semble désormais s'inscrire dans le projet parental.

Toutefois, la monoparentalité reste une situation temporaire. Elle est davantage une tranche de vie avant de recomposer une famille. Et de la figure de la famille monoparentale à celle de la famille recomposée, il n'y a qu'un pas en avant ou en arrière… Personne n'a oublié au soir du 6 mai 2007 l'image triomphante d'une superbe famille recomposée sur le perron de l'Élysée, toute en sourires *ultra-bright*, blondeur au négligé étudié et tenues italiennes de marque. Quelques (malheureux) mois plus tard, la France était officiellement gouvernée par un président seul, alors que Cécilia, ex-première dame, devenait donc mère célibataire. Nicolas Sarkozy s'est alors remarié avec une autre maman solo, la sublime Carla Bruni. Et Cécilia de voguer vers de nouvelles aventures, passant de son statut de famille monoparentale à celui de famille recomposée avec l'homme d'affaires Richard Attias. Vous me suivez toujours… ?

Les *warriors* de la parentalité

Constat d'évidence, la spectaculaire montée en puissance, déjà statistique, des mères célibataires dans la France des années 1990 et 2000. Celle-ci est liée à l'augmentation du nombre de divorces et de séparations. Ces centaines de milliers de femmes seules avec enfant(s) sont les fers de lance des nouvelles parentalités et des familles alternatives par la force des choses, pour la plupart d'entre elles. Elles ne choisissent pas souvent d'être seules avec enfant(s) au départ ; par contre, elles l'assument ensuite.

En tout cas, ce statut ne laisse personne indifférent ; ni les pouvoirs publics, contraints de mettre en place des politiques et des dispositifs pour protéger ces familles monoparentales souvent fragilisées, ni les sociologues de la famille, ni des mouvements qui défendent leurs conceptions de la famille et de la parentalité en défendant leurs intérêts. Au regard de l'étendue, de l'urgence, de l'importance du chantier, il y a du travail en termes d'analyse, de réflexion et d'action pour tout le monde.

S'il y a toujours eu des mères seules avec leurs enfants, le statut de parent isolé est relativement récent dans le paysage social et juridique français. Révélateur de cela, les mots manquent, ou ils sont imprécis : mère célibataire ou famille monoparentale ?

Et puis il y a les médias, qui flairent les tendances, façonnent puis dispensent des représentations qui sont parfois des clichés. Aucune mauvaise intention de leur part au demeurant. Mais quoi qu'en disent quelques voix forcément modernistes, la très grande majorité des mères célibataires n'a pas choisi « de faire un bébé toutes seules ». Elles sont très nombreuses à avoir cru au couple et à la famille ; ou plutôt à des représentations idéalisées de celle-ci. Et le désenchantement conjugal gagnant souvent avec le temps, elles sont presque aussi nombreuses à s'être retrouvées seules un jour, pour cause d'incompatibilité d'humeur et de points de vue divergents sur la vie à deux, de désamour confessé et d'adultère avoué. Jadis, pour toutes ces raisons, on ne se quittait pas. Maintenant, si.

Il y a trente ans, le sociologue François de Singly faisait paraître les résultats d'une enquête fouillée (*Fortune et infortune de la femme mariée*, PUF, 1987). Il y analysait le coût du mariage pour l'épouse, le dévouement et l'altruisme auxquels elle se trouvait astreinte par la cause domestique ; et ce d'autant plus que la famille s'agrandit.

Trois décennies plus tard, il restait à livrer une chronique complétant en creux son étude, en se penchant cette fois-ci sur « la fortune et les infortunes de la mère célibataire ». Sa fortune nouvelle réside dans la reconnaissance à laquelle elle a accédé, et dans la liberté qu'elle a d'élever son/ses enfant(s), sans trop subir l'opprobre ou éveiller la suspicion. Mais cela a un coût. Et les infortunes, ce sont les difficultés de tous ordres qui se font jour pour gérer le quotidien et tout assumer de front – le travail, les tâches domestiques, l'éducation, les amis, les amours éventuelles et les loisirs – dans 24 heures par jour.

Comme le dit Carole, 48 ans, maman d'une fillette de sept ans et demi (son père n'honore pas son droit d'hébergement en week-end et la prend une semaine à chaque période de vacances) : « me concernant, la principale difficulté à être maman célibataire, c'est que l'on a tout le poids moral sur les épaules. Pas concernant directement les enfants, car pour moi ce n'est pas un problème. Mais surtout cette impression de devoir affronter toutes les responsabilités qu'implique la vie quotidienne : choix à faire, décisions à prendre concernant la maison, sans pouvoir en parler ; bref ne pas partager, échanger les avis. »

Dans le témoignage de la plupart de ces femmes, on perçoit une incroyable tension entre plusieurs vies, plusieurs rôles et statuts, et plusieurs aspirations. Et l'ensemble est difficile à gérer, car une grosse pression pèse sur elles. Bien des mamans célibataires ont à la fois une obligation de rendement, et une obligation de résultat. Cette pression, elles la ressentent déjà dans les remarques et les conseils qu'enseignants, éducateurs et famille s'autorisent au quotidien. C'est presque un réflexe de tout expliquer par la situation de monoparentalité.

Être maman célibataire et assumer ce statut, cela semble relever d'une forme d'ascèse, en même temps que ça révèle au jour le jour la difficulté, pour nombre d'entre elles, à être femme et mère en même temps. Elles y arrivent, bien sûr, mais doivent être très organisées, gérer les priorités, et s'attendre à des impondérables. En devenant salariées, les femmes ont conquis une indépendance. Mais en continuant à assumer quasiment toutes les charges afférentes à l'éducation (notamment dans le cas des mamans célibataires), elles sont nombreuses à vivre une autre servitude en retour, puisqu'encore assez peu secondées par les hommes et par l'État.

On a aussi perçu, au rang des infortunes, la précarisation touchant bien plus les mères célibataires que d'autres catégories sociales, et que les couples avec enfants, qui partagent en général les factures, les charges courantes, les courses. La précarisation subie par bien des mères célibataires est de différentes natures, économique et affective, entre autres. « Le fait que les foyers monoparentaux soient présentés, et révélés, aujourd'hui comme fragiles constitue un recul. De plus, n'oublions pas le non-paiement des pensions alimentaires, les conflits nés de la difficulté de la garde partagée des enfants, ou le taux de dépression des femmes seules. Ces données confirment que, au cours des quarante dernières années, les femmes ont conquis l'égalité légale, mais n'ont toujours pas l'égalité réelle. » (Pascal Lardellier, *La guerre des mères*, Fayard, 2009)

On ne peut mieux le résumer que Karina, 30 ans, maman d'un petit garçon de 7 ans : « Quand on est mère célibataire, les difficultés sont avant tout financières, car contrairement aux idées reçues, lorsqu'on a un emploi, on ne bénéficie pas forcément d'aides sociales. Il y a aussi les difficultés professionnelles. Ainsi, la confiance réduite de l'employeur, un plan de carrière très mince du fait du manque de disponibilité, et la contrainte d'accepter des emplois peu rémunérés ou peu intéressants. Et puis aussi des difficultés liées aux modes de garde : pas de places en crèche, coût des assistantes maternelles encore très élevé. Sans oublier les fréquents problèmes relationnels avec l'autre parent, débouchant souvent sur des procédures devant des juges aux affaires familiales (JAF). Et, bien évidemment, les difficultés d'ordre sentimental. La disponibilité n'étant pas l'atout majeur des parents solos, il est difficile de s'engager dans une relation sérieuse, sans parler de la peur que cette situation peut faire naître chez un éventuel partenaire, même si cela devient de plus en plus courant. »

Patricia, 42 ans, maman de deux filles de 14 ans et 11 ans, abonde dans ce sens : « En étant mère célibataire, on ressent une réelle paupérisation. Il y a la fatigue physique et psychologique quand il faut jongler seule avec la vie familiale et le travail. Et puis un gros stress voire des atteintes psychologiques lorsqu'il y a conflit avec le papa des enfants. Bien sûr, les difficultés éducatives lorsque l'on doit tenir les deux rôles 24h/24h ; la solitude (ah, les vacances seule avec les enfants !). Enfin, le difficile équilibre à trouver entre les périodes avec enfants et les périodes sans enfants. »

Nathalie, 35 ans, mère célibataire depuis quatre ans, jongle entre les petits boulots d'intérim. Vivant au bout d'une ligne de RER, dans l'Essonne, elle élève seule ses fils de 6 et 8 ans. Le père s'est évaporé. Sans formation, elle travaille sur les horaires scolaires uniquement, réunissant péniblement, allocations comprises, 900 euros par mois. Une misère pour qui veut vivre décemment. « Je suis une galérienne qui passe sa vie dans les RER, entre deux contrats pourris. Le chauffage ou la semaine en colo, je dois faire des choix impossibles tout le temps. Je n'ai pas de formation, mais je ne suis pas une mendiante. J'ai toujours peur de ne pas y arriver. Si je flanche, mes enfants sont foutus. Je n'en dors pas la nuit. »

La femme seule et le petit Prince charmant

Il est à noter que la plupart de ces femmes, qui ont la garde très prioritaire de leur(s) enfant(s), ont l'impression d'avoir développé avec ceux-ci un rapport particulier, en même temps qu'elles expérimentent une éducation d'un autre genre.

Être mère célibataire, c'est la joie de mener une éducation en toute indépendance, d'expérimenter de nouvelles manières d'être parent, dans un rapport différent à ses enfants, à la fois moins parent et plus copain, comme le confie Martine, 46 ans, deux enfants de 18 et 16 ans : « Après quelques mois de tristesse, suite à la séparation d'avec le père de mes fils, notre vie s'est réorganisée de manière très cool, en fait. Bien qu'encore petits, je les trouvais très responsables, parce que je leur avais expliqué que les hommes, c'était eux désormais. Pour le reste, on se faisait des plateaux-télé très souvent, on prenait des fous rires sans arrêt devant les devoirs auxquels on ne comprenait rien, des petits trucs tout bêtes que la présence du père bride un peu. À vivre ainsi à trois, on s'est sentis plus libres d'un coup. Ce qui n'empêchait pas le respect, me semble-t-il. »

Détail crucial, leurs enfants sont, dans quasiment tous les cas, des enfants « du désir d'enfant », des enfants qu'elles ont voulus, attendus, et non pas ceux que la Nature imposait aux pauvresses des siècles derniers. Et avoir fait le choix de l'enfant, c'est bien ce qui différencie la très grande majorité des mamans célibataires d'aujourd'hui des filles-mères d'hier. Ces enfants, dès lors, sont comme des petits princes, objets de tellement de temps, d'attentions, de sollicitude. Des essayistes rappellent que jamais le lien mère/enfant n'a été aussi valorisé à tous points de vue dans notre société. En ce sens, les mères célibataires sont sur ce point de grandes gagnantes.

L'enfant-roi, thème vendeur et controversé, qui fait hurler un certain nombre de mamans célibataires dès qu'on le prononce devant elles. Déduisons-en que le sujet est sensible. Force est de reconnaître qu'être maman H 24, 365 jours par an, cela crée des liens très forts. Or, ces liens, ils attachent ou ils entravent… ? Car on peut aussi faire référence au sacerdoce auquel ces femmes (se) sont souvent astreintes. En effet, elles acceptent pour la plupart d'entre elles de sacrifier pour quelques années et par la force des choses d'autres pans de leur vie professionnelle, sentimentale, personnelle, à la cause de leurs enfants. Il y a bien sûr la garde alternée, qui libère la femme pour quelques jours régulièrement. Mais elle est encore minoritaire (15 % environ). Et une JAF nous rappelait combien elle doit se fonder sur des accords extrêmement précis entre les parents, une organisation sans faille ; et l'acceptation, de la part de l'enfant, pour mener en permanence cette vie souvent fatigante pour lui, à tous niveaux.

De même, ce n'est pas faire scandale que de rappeler que la grande majorité des familles monoparentales féminines se sont construites sur un naufrage conjugal et sur un échec sentimental, avant d'avoir été l'objet d'un choix assumé. 75 % des mamans solos le sont devenues suite à une séparation d'avec le père. Parfois, le ressentiment reste, la rancœur s'installe, on peut même aller (parole de JAF) vers des guerres de procédures tatillonnes et même ridicules, où tout est consigné et retenu pour ennuyer l'autre parent.

Mais parfois, le temps qui passe fait aussi que les choses se tassent et qu'on arrive à retrouver un *modus vivendi* à peu près serein, dans l'intérêt souverain de l'enfant.

Alors, en attendant parfois l'amour de nouveau (et parfois pas), un noyau familial d'un autre genre se reconstitue, avec ces enfants dont on a la garde prioritaire ; et comme un certain nombre le relèvent avec humour, elles forment avec eux un vrai petit couple.

Finalement, bien des mamans célibataires ne se situent pas à côté de la famille, mais incarnent une alternative à celle qui est dite traditionnelle. Comme l'explique Fabienne, 35 ans, seule avec un garçon de sept ans, « ce quotidien est le nôtre, pour mon fils, son papa et moi. Et recomposer une famille n'est pas ma priorité. Aucun de nous deux n'ayant refait sa vie, notre famille de parents divorcés existe vraiment. Nous communiquons très simplement, partageons des moments importants : repas d'anniversaire, fêtes de fin d'année, réunions scolaires, il n'y a plus l'amour du couple, mais l'attachement familial est là, et grâce à cela, nous sommes arrivés à un certain équilibre. Au fond, j'espère un jour recréer une nouvelle famille, pour l'ambiance et la vie à plusieurs, car mon fils et moi, ça fait un enfant unique et une maman célibataire, donc deux solitudes qui se retrouvent une semaine sur deux. Le tableau n'est pas gai, mais nos vies ne sont pas tristes non plus, elles sont riches de l'attention, et de l'amour que l'on se porte, comme dans toute famille. »

Le thème des classes moyennes à la dérive et de la grande dégringolade de la *middle-class* (dans les pays occidentalisés, de manière générale) est malheureusement une réalité que de plus en plus de ménages ressentent dans leur quotidien, vingt ans après l'irruption du mantra politique de la fracture sociale. Or, les mères célibataires, eu égard aux multiples difficultés recensées de leur propre aveu, sont en première ligne de cette paupérisation.

Leur poser la question sur la manière dont elles voient l'avenir fait remonter un pessimisme assez général chez la plupart d'entre elles. On est loin des discours euphoriques sur les nouvelles familles comme laboratoire radieux de lendemains sociaux décomplexés et égalitaires. La chose existe, bien sûr, mais avant tout chez celles et ceux qui ont le capital économique et culturel pour pouvoir souscrire à ce modèle.

Mais pour tous les autres, qui font comme ils (et elles) peuvent, il en va autrement. Et dès lors que l'on oublie les déclarations d'intention béates qui voudraient faire advenir les choses par leur simple déclamation et que l'on écoute la réalité du terrain, les choses sont en fait plus contrastées, et surtout plus complexes.

Il ne saurait être question d'être exagérément pessimiste. Et pourtant… Est-ce que ce ne sont pas les témoignages retranscrits ici et les statistiques qui nous y poussent… ? Car ce qui nous a marquée, c'est la précarisation que subissent nombre de mères célibataires. L'INSEE démontre que les différentes aides sociales ne suffisent plus quand les handicaps s'accumulent pour des parents isolés. Près du tiers d'entre elles (et eux) sont bénéficiaires de minima sociaux, principalement l'allocation parent isolé (API).

Après un week-end chez son père, Arthur, 12 ans, lance inquiet à sa mère, Martine : « Il paraît que tu vas mettre papa en prison ? » En février 2020, en reconversion professionnelle, cette dernière a porté plainte pour abandon de famille. Son ex-mari ne paie plus la pension alimentaire depuis six mois. « Licencié, il refuse de s'inscrire à Pôle Emploi mais dépense le peu d'argent qu'il a dans des jeux de grattage. Depuis cinq ans, je dois la lui réclamer chaque mois, c'est humiliant, c'est une forme d'emprise. » En France, un million de parents touchent une pension qui, dans

30 % des cas (source ministère des Solidarités et de la Santé), n'est pas versée ou alors irrégulièrement. Une pression financière et psychologique que connaît bien Christine Kelly, porte-parole de K d'urgences (kdurgences.org, agence de recouvrement des impayés de pensions alimentaires), l'association qui se bat pour faire reconnaître les difficultés des familles monoparentales : « Au début de la crise des gilets jaunes, quand j'ai interrogé les familles sur ce que je devais faire remonter au gouvernement, ce sujet a été, avec le logement, leur priorité. »

En France, une pension alimentaire sur trois n'est pas payée, ce qui fragilise des milliers de femmes. Dès juin 2020, un service public facilitera le recouvrement des sommes dues. 170 euros correspond au montant moyen des pensions alimentaires fixées par le juge, la moitié d'entre elles sont comprises entre 100 et 200 euros. 41 500 procédures sont en cours à l'ARIPA (organisme qui récupère les pensions alimentaires non payées). 66 millions d'euros ont été recouvrés en 2018 (+ 36 % par rapport à 2017). Cet argent est directement reversé aux familles.

Dès 2020 donc, les parents séparés pourront confier aux caisses d'allocations familiales (CAF) un rôle d'intermédiaire dans le versement des pensions, cela pourrait concerner 100 000 familles monoparentales d'ici mai 2021. On donne un nouveau pouvoir aux CAF d'aller chercher sur salaire ou un compte pour verser la pension ou garantir son versement, a déclaré Christelle Dubos, secrétaire d'État auprès de la ministre des Solidarités et de la Santé. En cas de non-paiement ou partiel, l'ARIPA verse 115 € par mois et par enfant. Mais aujourd'hui, l'agence n'est sollicitée que par 10 à 20 % des familles qui, pour la plupart, en ignorent l'existence.

Nous savons aussi que les mères célibataires sont bien moins souvent propriétaires, que leurs logements sont souvent trop petits ; à l'avenant, elles sont un certain nombre à occuper des emplois leur interdisant d'envisager une véritable carrière, eu égard au poste occupé et aux responsabilités qu'elles peuvent difficilement investir en étant seules ou presque à gérer le quotidien de leurs enfants. Les salaires, souvent moindres (nombreuses ont opté pour le temps partiel et peuvent difficilement cumuler les heures supplémentaires), suffisent à peine. Enfin – mais la liste n'est pas exhaustive –, l'organisation de leur vie sentimentale, sexuelle, amicale et familiale est plus difficile à gérer, eu égard aux contraintes inhérentes à la garde prioritaire de leurs enfants. Les choses vont mieux quand ceux-ci ont grandi et sont autonomes. Mais alors, le temps aura passé. Sylvie, presque 50 ans et ses deux enfants élevés, avoue qu'après toutes ces années de vase clos heureux avec les enfants, elle va se mettre à chercher l'homme de sa vie, de sa deuxième ou troisième vie, même.

Dans ces conditions, et même si elles incarnent une famille d'un autre genre, difficile d'aller vers une souveraine affirmation de ses désirs, de ses choix, l'épanouissement dans une activité artistique ou un loisir. Tout se fait un peu par la force des choses. Réussir à tout cumuler, réussir une éducation et réussir à s'en sortir.

CHAPITRE 11
LA RECOMPOSITION FAMILIALE

C'est la nouvelle « famille Ricoré » (célèbre publicité de 1982), le fantasme de la tribu parfaite, présente dans toutes les comédies télévisuelles. Plus d'un quart des mariages donnent lieu à des recompositions familiales. Selon l'INSEE, 1,5 million d'enfants (soit environ 1 sur dix) vivent dans une famille aux contours élargis, incluant parents et beaux-parents, frères et sœurs de sang, 'demi' et 'quasi', et bien souvent, en filigrane, les ex.

« Ces nouveaux assemblages sont tout sauf simples et évidents », précise Serge Hefez. Sept enfants sur dix vivent davantage avec leur beau-parent (en général le beau-père) qu'avec le parent dont ils ont été séparés. Et trois adultes sur cinq élèvent ou ont élevé des beaux-enfants. Entre eux, un arbitre, le plus souvent la mère (la garde leur est confiée à 86 %), tiraillée en permanence entre l'amour des uns et le rejet des autres, pleine d'espoir un jour, accablée le lendemain. Ses enfants, les miens, son argent, le mien, le nôtre, son ex, mon ex, mon espace, le sien, sa famille, la mienne… tout cela semble relever de la haute voltige.

« C'est un bordel sans nom », assène Caroline. Chaque enfant a sa propre personnalité. Aucun d'eux n'a les mêmes goûts, les mêmes habitudes, aucun ne suit les mêmes règles éducatives. Certains sont là à temps plein, d'autres seulement le week-end et la moitié des vacances. Et puis il y a ceux dont les gardes alternées ne sont pas synchronisées. Qui part en vacances avec qui ? Qui sera là pour Noël ? « Pour peu que l'ex s'en mêle et on a touché le fond ! »

confirme Kat. Comment attribuer les chambres : par fratrie de sang, par sexe, par temps de présence ? Qui paie quoi ? Qui fait à manger quand ? Qui lave le linge ?

Désaccords permanents sur l'éducation, les projets, les envies, les moments séparés ou communs, chacun avec ses propres enfants. Et ce sentiment fréquent d'intrusion : de la part des enfants de l'autre, avec lesquels on passe parfois plus de temps qu'avec la chair de sa chair. « J'ai passé un nombre d'heures infini avec ma belle-fille, déscolarisée à l'âge de 17 ans, juste avant son bac, nous explique Kat. Elle passait une grosse partie de la journée à dormir, le reste à regarder des émissions de téléréalité d'une bêtise crasse, le son à fond. Moi, qui bosse souvent à la maison, cela a été très compliqué à vivre. D'autant que son père, absent pour son travail de 8h à 20h tous les jours sauf le dimanche, ne se rendait compte de rien... Avec le recul, ce fut l'une des périodes les plus éprouvantes de ma vie... Lorsque l'on s'est séparés, je n'ai pas honte de dire que cela m'a soulagée. »

Et l'intrusion permanente et provocatrice de l'ex, qui ne veut pas se laisser oublier, bien décidé à faire payer l'ancien compagnon ou le nouveau couple pour son bonheur insolent.

« La chose la plus aberrante que j'aie entendue de l'ex de mon chéri de l'époque, c'est l'interdiction formelle de m'approcher de sa fille... alors même qu'elle l'avait mise à la porte avec ses valises. Nous l'avons, cela va de soi, accueillie chez nous. Difficile de prendre de la distance lorsque la personne vit sous votre toit, non ? » confie Kat, à qui, visiblement, rien n'a été épargné.

La durée de vie des familles recomposées échappe aux statistiques. On sait juste, concernant les couples en général, qu'ils se séparent proportionnellement plus en cas de deuxième union.

La recomposition familiale est un défi auquel de plus en plus de parents sont ou seront confrontés. Et contrairement à l'image triomphaliste que les médias et la littérature présentent aujourd'hui de cette situation, la réalité donne à voir des situations très diversifiées. Car il ne faut pas minimiser les difficultés de la cohabitation soudaine entre des enfants et des adultes que rien ne liait et qui ne se sont pas choisis de prime abord.

Bien sûr, toutes les familles recomposées ne sont pas en souffrance. Mais celles qui le sont se heurtent aux mêmes types de difficultés, à commencer par le fait de n'être pas protégées, comme les familles d'origine, par des liens biologiques inaltérables, même au-delà de la séparation. Si bien qu'elles demeurent, comme le souligne Anne Sauzède-Lagarde (*Former une famille recomposée heureuse*, InterEditions, 2013), dans une forme de précarité puisqu'elles peuvent sans cesse se décomposer à nouveau. En outre, ces familles gardent des traces de blessures liées aux séparations précédentes. Les comptes ne sont pas toujours soldés et certains traumatismes restent à vif. Et même s'ils se sentent prêts à aimer de nouveau, « les conjoints ne s'autorisent pas toujours, par culpabilité vis-à-vis des enfants et de l'ex, à donner toute sa place au nouveau venu ».

Comme le souligne Irène Théry (*Les recompositions familiales aujourd'hui*, Nathan, 1993), « la société manque de repères juridiques, pédagogiques et moraux face à ces nouvelles relations familiales ». La sociologue a mis en évidence deux types de logique qui apparaissent après une séparation ou un divorce. Tout d'abord, une logique de substitution, qui montre que certains parents préfèrent oublier le passé, la famille recomposée remplaçant l'ancienne famille. Ensuite, une logique de pérennité qui privilégie la continuité des rapports et non leur substitution. Il s'agit d'une situation où les parents « non-gardiens » assument au mieux leurs responsabilités parentales et attachent une importance à ce que leur rôle ne soit pas remplacé par celui du beau-parent. Irène Théry d'ajouter que l'un ou les deux parents séparés peuvent reformer de nouveaux couples et amener par là même dans la famille de nouvelles personnes. Les enfants ont alors des beaux-parents, et éventuellement des demi-frères et demi-sœurs. La famille se reconstitue alors en réseau.

En trente ans, les familles recomposées ont pris une place reconnue dans la nouvelle géographie familiale. Deux millions d'enfants vivraient dans une telle structure avec un beau-père ou une belle-mère, et près d'un adulte sur douze serait en situation d'être beau-père ou belle-mère, sans que ce lien ait de réalité juridique. Un état de fait que le gouvernement français veut réformer. C'est Nicolas Sarkozy en personne qui a relancé l'idée de créer un statut juridique pour le beau-parent, statut sur lequel a travaillé Rachida Dati, ancienne ministre de la Justice, et Nadine Morano, ex-secrétaire d'État à la Famille. En 2007 déjà, Nicolas Sarkozy avait inscrit ce projet dans la lettre de mission donnée aux membres du gouvernement.

En mars 2002, une première loi est venue proposer un cadre à l'autorité parentale, son exercice et les droits et devoirs des membres des familles recomposées. Jusqu'à celle-ci, le beau-parent était tout simplement ignoré du droit français.

Il n'avait à l'égard de l'enfant de son conjoint ni devoirs, ni droits spécifiques, alors qu'il contribue, le plus souvent, à son éducation et à son bien-être.

Partie pour être le cadre qui instituait une place au beau-parent, la loi, aux dires de ceux qui sont directement concernés, améliore dans les faits peu de chose. Néanmoins, le beau-parent peut désormais bénéficier d'une délégation de l'autorité parentale qui ne retire rien aux parents de l'enfant. Cela permet de gérer les actes de la vie quotidienne : l'école, le médecin, les transports, mais sans que la loi ne précise très clairement ce qu'est un acte de la vie quotidienne. C'est le JAF qui prend la décision mais l'accord du ou des parents ayant l'autorité parentale est nécessaire. Autrement dit, ce n'est pas évident. Les associations de droits des pères ont déjà fait savoir qu'elles considéraient cette délégation comme une négation des droits paternels. La négociation, la diplomatie et la pondération des adultes concernés sont donc requises. Des aspirations, des attentes, des exigences, des espoirs, c'est tout cela qui constitue la vie des familles recomposées.

Un article du *Point* explicitement intitulé « La Famille décomposée » brossait déjà en 2008 un tableau plutôt pessimiste de la recomposition familiale, en donnant la parole à celles qui vivent au quotidien la face obscure de cette condition. Et la journaliste d'expliquer que le mythe de la famille recomposée moderne s'effrite : « Tous les mois, des marâtres au bord de la crise de nerfs évoquent ensemble leur rôle impossible. Et l'éventuel statut du beau-parent semble loin de faire l'unanimité. »

Belle-mère, c'est l'enfer ?

La famille recomposée est-elle réellement un nouvel idéal ? Pas facile pourtant de s'entendre avec les enfants de son nouvel amour. Selon la psychanalyste Dominique Devedeux (*Au secours, je suis une marâtre*, Éditions Michalon, 2010), c'est même quasi impossible de se faire accepter. Ce livre claque comme une gifle… la gifle qu'on aimerait donner à cette belle-fille si insolente, si glaciale, si fausse, qui nous cherche depuis des mois, mais qu'on ne touchera jamais. Car ce serait se comporter comme une marâtre. Ce livre fait un constat terrible de la condition de belle-mère dans une famille recomposée. Selon elle, la nouvelle compagne ne sera jamais acceptée par les enfants de son nouveau compagnon. Pendant les week-ends, les vacances, toute sa vie durant, elle subira leur hostilité. Aussi dévouée soit-elle, elle sera toujours rejetée. La vision idyllique de la famille recomposée en prend un sacré coup. De nombreuses femmes souffrent beaucoup à cause de l'attitude souvent odieuse de leurs beaux-enfants, particulièrement de leur belle-fille. Il y a un formidable non-dit sur ce sujet : on se met toujours à la place de ces pauvres enfants traumatisés par le divorce et jamais à celle de ces femmes, qui n'ont pas droit à la parole. Les témoignages sont légion de belles-mères lessivées, essorées. « Le principe, témoigne Gisèle, 38 ans, c'est : "Tu remplis le frigo et tu la fermes." » Allusion à l'impossibilité d'agir dans laquelle se trouve la belle-mère, sorte de Casque bleu au cœur d'une zone d'hostilité domestique. Elle n'est pas la mère légitime, rappelle Dominique Devedeux, elle est venue détrôner celle-ci, elle a arraché le père à sa famille. Elle est la Voleuse, l'Intruse. C'est le fameux : « T'es pas ma mère, t'as pas à me donner d'ordres ! »

Ensuite, l'enfant est pris dans un conflit de loyauté qui lui fait toujours prendre le parti de sa mère contre sa marâtre.

Enfin, le père, écrasé par la culpabilité d'avoir fait subir une séparation à ses enfants, se montre formidablement laxiste. Ce qui apparaît difficile à supporter pour toutes ces belles-mères déjà terriblement éprouvées. C'est clairement au père de dire où est la place de chacun, de faire comprendre à ses enfants qu'il ne tolérera aucun débordement vis-à-vis de sa nouvelle compagne. Cerise sur le gâteau : l'ex-femme, qui peut révéler un formidable pouvoir de nuisance. « Pendant 10 ans, avoue Patricia, 43 ans, l'ex de mon compagnon n'a fait référence à moi qu'en m'appelant la sorcière. Vous imaginez l'effet que cela produit sur les enfants… »

Souvent, l'enfant du compagnon n'attaque pas frontalement, il préfère une tactique plus insidieuse. Nathalie, 39 ans, raconte comment, pendant longtemps, à Noël, sa belle-fille faisait des cadeaux à tout le monde sauf à elle. Caroline, 48 ans, explique qu'elle avait offert un iPod à sa belle-fille, qui l'a revendu deux jours après sur eBay…

Autre expérience douloureuse, cette façon de ne s'adresser qu'au père en faisant glisser son regard sur vous, comme si vous n'existiez pas. « Ma belle-fille, raconte Élisa, 37 ans, qui a 20 ans et vit avec nous, est toujours en train de me contredire gentiment, sur la nourriture, le rangement, en laissant sous-entendre qu'elle connaît mieux que moi les goûts de son père… » La rivalité pour le père, voilà tout l'enjeu de la guerre belle-fille/belle-mère. Comme le dit la psychanalyste Catherine Audibert (*Complexe de la marâtre*, Petite Bibliothèque Payot, 2017), « les schémas œdipiens qui existent déjà dans une famille dite classique (fille qui veut séduire son père, fils qui veut être aimé de sa mère) sont multipliés par dix dans une situation de famille recomposée ».

À n'en pas douter, certaines belles-mères sont très vulnérables à l'hostilité de leurs belles-filles. Souvent, ce sont des femmes qui ont souffert d'un père distant dans leur enfance. Quand leurs belles-filles se placent en rivales, elles revivent cette situation d'abandon, de délaissement.

Pourtant, il existe des belles-mères heureuses. « J'ai de la chance, me relate Cécile, 33 ans, mon mari et son ex s'entendent très bien, et il a tout de suite posé des limites très claires à ses enfants. Ce qui fait que j'ai pu développer des rapports de confiance avec eux. » Lucide, Cécile reconnaît que sa situation sociale n'y est pas pour rien. Un poste prestigieux dans les métiers du cinéma fait qu'elle occupe le rôle de grande sœur admirée pour la jeune Camille.

Alors, comment réussir sa mission de belle-mère ? Plusieurs conseils de bon sens :

- il faut éviter à tout prix de jouer le rôle de la mère, même si celle-ci vous paraît défaillante à bien des égards ;
- il ne faut pas trop s'investir sous peine de grosses déceptions ;
- apprendre à relativiser. Les enfants finissent par grandir, voler de leurs propres ailes, fonder leur propre famille.

Il semble impératif de trouver la nécessaire distance à instaurer avec ces beaux-enfants. Ce type de relation demande un amour gratuit, un don de soi total. Car on doit faire des efforts très intenses pour parvenir à créer la relation, sans pour autant espérer en retour l'amour que nous donnent nos enfants biologiques. L'on peut se disputer à mort avec son enfant, il reste quand même quelque chose d'évident, de fort. L'enfant de son compagnon, on ne peut pas le traiter de la même façon car il n'y a pas ce lien naturel. C'est un fil très tenu, que l'on met du temps à tisser, mais qui peut casser à tout moment.

Qui peut se vanter d'avoir gardé des relations avec ses beaux-enfants après la rupture avec leur père ou leur mère ? Les veinard(e)s, comptez-vous ! « Lorsque mon compagnon m'a brutalement quittée, ma belle-fille est instantanément sortie de ma vie, relate Kat. Je l'avais accueillie chez moi durant 3 ans, du jour au lendemain je ne l'ai plus jamais revue. Elle me savait gravement malade, elle n'a pourtant plus jamais pris de mes nouvelles. Une déception terrible pour moi… »

La belle-mère est à l'image de notre société précaire. Dans une époque où rien n'est sûr, professionnellement, sentimentalement, elle est aux avant-postes. On lui demande de faire un incessant travail sur soi, de ne rien attendre de stable. Elle est un peu à la mère ce qu'un CDD est à un CDI : un être doté d'un statut flottant, incertain.

Beaux-parents au bord de la crise de nerfs

Est-on obligé d'aimer les enfants de notre compagnon de route ? Selon une étude de l'INSEE publiée le 15 mai 2017, presque 11 % des enfants vivent dans des familles recomposées ; de plus en plus de femmes osent dire que s'occuper de ceux des autres n'est pas une sinécure. « C'est éreintant d'être belle-mère ! dit Rosalie, 39 ans. Une fille et deux beaux-enfants, ça vous bouffe énormément d'énergie. Chaque décision (les vacances, les sorties, les repas) revêt une charge affective surdimensionnée et demande un sens aigu de la diplomatie pour éviter les conflits. Et personne n'est jamais content. »

Beaucoup se plaignent de ramer pour tisser un lien « aussitôt sapé par la mère », de ne pas parvenir à trouver la bonne distance, que leur quotidien ressemble à un parcours du combattant. « Quand j'ai ses gamins le week-end, ils font la gueule devant leur assiette, jugent mes choix de vie nuls. Je les trouve très mal élevés mais je me sens obligée de ne rien dire », soupire Amélie, 42 ans, trois beaux-enfants. Quand ce n'est pas pire… Cette belle-mère a été accueillie par son beau-fils de 6 ans d'un simple « Pute ! » « J'avais beau savoir qu'il était instrumentalisé par sa mère, une folle furieuse, cela m'a quand même choquée et blessée. »

D'autres ont un problème différent. Mathilde, 44 ans, n'a aucun contact avec les deux adolescents de son conjoint. « Je trouve cela pire que tout. Il y en a un que je connais vaguement et l'autre que je n'ai jamais rencontré car l'ex leur dit du mal de leur père et moi… Du coup, ça prend beaucoup de place dans notre couple. »

Mais où est donc l'image d'Épinal de la famille recomposée idyllique ? « Il ne faut pas oublier la terrible marâtre qui hante les contes de fées, nous rappelle la sociologue Sylvie Cadolle (*Familles recomposées : un défi à gagner*, Marabout, 2009). Jadis, après un veuvage, le nouveau couple évacuait souvent le problème en envoyant les beaux-enfants en pension. Aujourd'hui, il n'en est plus question. Le statut de l'enfant a changé. On essaie donc de tout concilier. »

On peut être très amoureuse d'un homme sans éprouver un sentiment très fort pour sa progéniture. Les rapports entre une belle-mère et ses beaux-enfants dépendent évidemment d'une multitude de facteurs : était-elle mère au moment de la rencontre ? Quels âges avaient les enfants au moment de la séparation ? Les voit-elle souvent ? Vivent-ils sous le même toit ? L'ex-couple entretient-il une relation apaisée ? Les enfants sont-ils pris en otage par leur mère ? Se retrouvent-ils dans un conflit de loyauté vis-à-vis d'elle ?

Dans tous les cas, « faire famille » ne va pas de soi. Avant la rencontre, il y a eu une séparation, voire un adultère, des mensonges, des disputes. Les enfants sont, bien malgré eux, porteurs de cette histoire-là. Rien n'est simple, ni pour la belle-mère, ni pour eux.

« La première fois que j'ai rencontré mon beau-fils, c'était au moment d'un départ en vacances. Il est monté dans la voiture et je lui ai demandé : tu veux qu'on se fasse la bise ou qu'on se serre la main ? Neuf mois plus tard, j'attends toujours sa réponse… », se souvient Lucie.

Le film *Lolo* de Julie Delpy, sorti en 2015, nous relate les affres d'un beau-père fraîchement divorcé, modeste informaticien un peu plouc face au fils chéri de sa nouvelle compagne prêt à tout pour détruire le couple naissant et conserver sa place de favori. Violette, quadragénaire surbookée, friquée et parisienne (Julie Delpy), est en thalasso à Biarritz lorsqu'elle rencontre par hasard Jean-René (Dany Boon), gentil mais limité. Ils n'ont rien en commun, couchent ensemble et promettent de se revoir à Paris, où il doit déménager prochainement. Cette idylle naissante se voit rejetée par Lolo (Vincent Lacoste), le fils de Violette, jaloux maladif, qui fait tout pour que l'amourette s'interrompe, et multiplie coups bas et saloperies que sa mère ne voit jamais, aveuglée par son amour fusionnel.

Face aux incompréhensions mutuelles, nombre de femmes composent et s'en sortent, non sans égratignures. Certaines s'éclipsent lors des week-ends où « ils sont là », d'autres veillent à ne jamais piétiner le territoire de la mère, d'autres développent des trésors d'imagination pour s'occuper d'eux sans être intrusive et en se gardant de dire du mal de l'ex.

Claire, 37 ans, rappelle : « Ce n'est pas parce qu'on est amoureuse d'un homme que l'on doit forcément aimer ses enfants. D'autant plus lorsque ces derniers incarnent l'histoire d'amour que celui-ci a eue avec une autre, qui vous fait souvent bien comprendre que vous avez gâché sa vie. »

C'est vrai, nous ne sommes pas obligés d'aimer les enfants de son nouvel amour. L'amour ne se commande pas. Ce n'est pas une injonction.

« La première fois qu'ils se sont vus tous les quatre, le fils de Pierre n'a pas supporté un mot du fils de Déborah, ou peut-être était-ce juste un rire, et pris d'une rage folle, il s'est mis à hurler qu'il les détestait, que de toute façon, elle ne serait jamais à son goût et Léo jamais son frère, puis il a attrapé un couteau de boucher et, le brandissant à leur visage, il a menacé de les tuer. Cela faisait à peine une heure qu'il les connaissait. » Dans son dernier livre, Émilie Frèche (*Vivre ensemble*, Stock, 2018) évoque parfaitement bien la difficulté de faire famille. Une fiction qui raconte la complexité de cohabiter avec l'enfant de l'autre, les conflits, les antagonismes et le combat au quotidien pour vivre ensemble.

À juste titre, la pression est plus forte sur les épaules de la belle-mère, dont on attend toujours plus que d'un beau-père. On voudrait qu'elle soit aimante comme une seconde maman. L'homme espère que sa nouvelle compagne s'occupera de ses enfants aussi bien (voire mieux dans certains cas) que son ex-femme. Or, c'est à lui de prendre soin d'eux et d'assurer l'autorité. La belle-mère ne doit pas être en première ligne. À cette condition, elle se sentira plus libre d'intervenir si elle en a envie.

Et mieux vaut ne pas trop attendre de cette nouvelle famille, conseille Sylvie Cadalen (*Inventer son couple*, Eyrolles, 2006), « le nouveau couple voudrait prouver qu'il a eu raison, qu'il s'aime vraiment, que cette nouvelle histoire, c'est du solide. Or, les enfants ne l'entendent pas toujours de cette oreille… »

Ceci étant dit, il faut impérativement s'accorder sur les règles de politesse et de respect. Agnès a trouvé la parade : « Après m'être pliée en quatre pour leur faire plaisir, j'ai organisé un voyage en Angleterre avec ma fille sans mes beaux-enfants. »

Croire en la famille recomposée idéale, où tout le monde serait heureux tout le temps, même dans une famille classique, ce n'est pas vraiment possible.

CHAPITRE 12
TOUT POUR MON « EX »

***Happy end* ?**

Les histoires d'amour finissent mal en général. Pas pour tout le monde, semble-t-il. Certains ont inventé une nouvelle issue de sortie quand l'amour s'est éteint : l'amitié. Un challenge relevé par l'actrice Romane Bohringer et le réalisateur Philippe Rebbot, parents de Rose et Raoul (10 et 8 ans). Dix ans après le début de leur histoire d'amour, le couple a décidé de mettre un point final à sa romance. Ils ont toutefois souhaité continuer à vivre sous le même toit, dans leur « sépartement » comme ils l'appellent, et de raconter leur rupture dans *L'amour flou*, un long métrage sorti sur les écrans français en 2018.

Bien rompre et continuer à avoir une relation respectueuse ensuite n'est pas aisé mais possible. Rupture amoureuse est beaucoup trop souvent synonyme de « cœur brisé », « trahison », « scènes de ménage », « abandon », « déprime ». On associe en revanche beaucoup moins cette étape aux termes « bienveillance », « fin heureuse », « respect », « dignité », « empathie »... Mais alors qu'un mariage sur deux aboutit à un divorce, pourquoi n'apprendrait-on pas à se séparer en mode « *happy end* » ? Car, même si notre cœur tombe momentanément en morceaux, ce n'est pas une raison. Tout le monde peut apprendre le processus de rupture bienveillante. C'est en tout cas ce qu'affirme Katherine Woodward Thomas dans son nouveau livre *Se séparer sans se détester, 5 étapes pour se quitter sans trop souffrir... et en sortir meilleur(e)* (Leduc.s, 2016).

Il est vrai qu'en période de séparation, nous sommes tous sous le choc. On perd notre foyer émotionnel. Mais on peut apprendre à maîtriser notre « croissance post-traumatique ». C'est-à-dire, non seulement se relever d'une crise, mais aussi nous transformer positivement, en faisant en sorte que la rupture donne naissance à quelque chose de beau. Le pire côté d'une rupture n'est pas l'immense chagrin accompagnant la perte d'un lien qui vous était cher, mais l'affront fait à votre moi. En effet, on passe de l'individu unique à la personne ordinaire qui n'a plus rien de spécial.

En mars 2014, Gwyneth Paltrow (actrice américaine) et Chris Martin (chanteur du groupe Coldplay) se séparent. Gwyneth annonce leur rupture sur son site Goop, dans une déclaration pleine d'angélisme guimauve. Pour leur séparation, elle et Chris allaient tester le « désaccouplement en pleine conscience » qui consiste à rompre sans cris, sans aigreur, et même continuer à se voir régulièrement pour le bien des enfants. Officiellement divorcés après un an de procédure exemplaire, leur rupture aura coûté zéro dollar. Ils sont tombés d'accord sur tout et notamment sur le fait qu'ils ne se doivent rien. À part une belle amitié.

Quelque temps plus tard, l'ex-couple a fêté cela en s'offrant des vacances dans les Hamptons en famille, au grand bonheur de leurs deux enfants, âgés respectivement à l'époque de 10 et 12 ans. Une vraie leçon de tolérance pour tous les ex qui s'écharpent.

D'autres couples n'hésitent pas, au nom de l'amour autrefois partagé, à se battre pour défendre leur ancienne moitié.

Ce qui est le cas de l'actrice américaine Jennifer Garner. Le 22 août 2018, découvrant son ex, Ben Affleck, dans un état d'ébriété avancé, elle l'a poussé à accepter de se faire admettre dans un établissement de Los Angeles spécialisé dans les cures de désintoxication. Parce qu'en tant que mère de leurs trois enfants (13, 9 et 6 ans), Jennifer ne supportait pas de voir l'acteur sombrer. En dépit de leur séparation survenue en 2015, la star a pris les choses en main. En agissant ainsi, elle instaure une forme de continuité dans le lien conjugal. Sans qu'il soit question de reprendre une vie de couple, elle invente une nouvelle forme de fidélité du cœur.

En juin 2017, lorsque Johnny Depp fut accusé de violences conjugales par l'actrice Amber Heard, dont il était en train de divorcer, Vanessa Paradis, elle aussi, est montée au front en publiant une lettre. Résolue à laver l'honneur du père de ses deux enfants (11 et 16 ans), la chanteuse écrivait : « Je crois de tout mon cœur que les récentes allégations sont scandaleuses. Je connais Johnny Depp depuis plus de 25 ans. Nous avons été partenaires pendant 14 ans et avons élevé ensemble deux enfants. Durant toutes ces années, j'ai toujours connu Johnny comme étant une personne et un père gentil, attentif, généreux et non violent. »

Le soutien réciproque dépend des circonstances de la rupture. Si la fin de la relation a été bien vécue, d'un commun accord, que chacun s'est senti traité avec respect, les ex-conjoints peuvent rester dans une forme d'attachement fidèle et se rendre présents dans les coups durs. Il se peut alors qu'un homme et qu'une femme construisent une nouvelle relation d'amour-amitié. Si Madonna ne lève pas le petit doigt pour son ex-mari le réalisateur Guy Ritchie, père de son fils Rocco, avec lequel elle est en froid, elle répond toujours présent pour défendre Sean Penn, avec lequel elle a également été mariée durant quatre ans, de 1985 à 1989. Si l'amertume a pu parasiter un temps leur relation, il leur reste un trésor, la parfaite connaissance de l'autre, de ses défauts, de ses incapacités.

Béatrice Dalle et Joey Starr, qui ont partagé dix belles années, admettent être là l'un pour l'autre pour se défendre (notamment sur les réseaux sociaux) et, en toutes circonstances, s'entraider. Divorcée de Renaud depuis 2011, Romane Serda continue de le soutenir dans sa lutte contre son addiction à l'alcool. Antonio Banderas reste lui aussi un soutien fidèle et aimant de son ex-femme Mélanie Griffith.

Pour le meilleur et pour le pire, même après que la vie les a séparés.

Attention toutefois. Les relations avec un ex ne seraient pas forcément dénuées de séduction. Les motifs de rechute sont nombreux et les passages à l'acte très fréquents. Le désir de se rassurer sexuellement, de céder à la nostalgie du passé, la tentation d'aller vérifier encore une fois que le feu est bien éteint sont autant d'incitations à retenter l'aventure. La tentation du *recoupling* en toile de fond…

CHAPITRE 13
LA TENTATION DU *RECOUPLING*

Depuis les tabloïds hollywoodiens jusque chez nos voisins, les couples se font, se défont et, fait nouveau, se refont beaucoup. À Hollywood, donc, la nouvelle a fait l'effet d'une bombe : début mars 2017, près de deux ans après leur séparation, Jennifer Garner et Ben Affleck officialisaient leurs retrouvailles en annulant leur procédure de divorce. Dans la foulée, Ben Affleck rendait hommage sur son compte Facebook à « Jen qui l'a soutenu pendant cette période où il a combattu l'alcoolisme ». Peu après, on apprenait le remariage de Cœur de Pirate avec son ex-mari après une séparation médiatisée en 2016.

Si certains amants terribles comme les couples Frida Kahlo-Diego Rivera (deux mariages, un divorce, des tromperies permanentes), Elizabeth Taylor-Richard Burton (deux mariages, deux divorces, des crises épiques et des rivières de diamants) ou encore Natalie Wood-Richard Wagner (deux mariages, un divorce) sont dans toutes les mémoires, il semblerait que le remariage entre ex-conjoints devienne plus populaire.

Va-t-on assister à une vague de « couples reconstruits » ? Peut-on reformer un couple heureux et durable après s'être déchirés à l'image de Jillian et Patrick Dempsey ? Peut-on espérer voir un jour le couple Aniston-Pitt se remarier ?

Bien que non quantifiable, la deuxième chance fait incontestablement de nombreux adeptes. Tous les psychothérapeutes l'assurent : tenter à nouveau l'aventure avec le même partenaire quelques mois ou années plus tard n'a rien d'une bizarrerie. La preuve, même notre ancien Premier ministre, Bernard Cazeneuve, l'a fait. En août 2015, il s'est remarié avec Véronique, mère de ses deux enfants. Cette relative banalisation du *recoupling* serait le résultat de plusieurs facteurs. Tout d'abord parce que divorcer n'a plus rien d'exceptionnel, explique Sylvie Angel, psychiatre et thérapeute de couple (*Réfléchissez avant de divorcer !*, Odile Jacob, 2016).

Reste que l'on se sépare souvent trop rapidement et, parfois, pour de mauvaises raisons. Entre l'érosion du désir, le travail, ses enfants et ceux de l'autre, le quotidien, les ex, les partenaires ont très vite de multiples raisons d'être frustrés. Difficile de rester dans la parenthèse enchantée de l'amour quand on vous lance « tu n'as pas sorti la poubelle ! ».

Les avocats confirment. Selon eux, les reproches sont quasi toujours les mêmes : sacrifice non reconnu des femmes se sentant réduites au statut de mère/fée du logis, manque de désir/sexe pour les hommes. Comme le rappelle Robert Neuburger (*On arrête ?... On continue ? Faire son bilan de couple*, Payot, 2013), la plainte la plus fréquente dans les divorces est « je ne me sentais plus exister ».

Si dans le passé s'éloigner rimait avec la fin de la relation, les couples d'aujourd'hui sont conscients des dégâts qu'entraîne une telle décision. Ils sont plus réalistes, font des bilans réguliers qui parfois amènent à une séparation. Mais cela ne signifie pas pour autant que c'est définitif.

Bien se séparer pour mieux se retrouver. C'est le cas d'Estelle, 50 ans et 3 enfants. Il y a 7 ans, son mari et elle se séparent. « Patrick saturait du quotidien, il m'accusait de n'être pas suffisamment présente pour lui. Un an plus tard, nous étions divorcés et les enfants ont grandi en garde partagée dans une ambiance apaisée. On a continué à se voir même si on a eu chacun des histoires et on a mis les compteurs à zéro en vidant nos sacs. Il y a deux ans, on a même commencé à se revoir, et depuis quelques mois, on est à nouveau ensemble. »

Une nouvelle union avec l'ancien partenaire ne fonctionne que si on a dressé le bilan de ses erreurs, qu'on a soldé le premier couple. En effet, inventer une nouvelle équation amoureuse requiert un travail de chacun sur lui-même et sur le couple passé.

C'est une statistique qu'aiment s'échanger les malheureux post-rupture : 37 % des couples qui se séparent se remettent ensemble après avoir rompu. On est donc de plus en plus nombreux à vouloir (espérer ?) reconquérir l'être encore aimé même bien longtemps avoir s'être séparé. Google n'en finit plus de répondre à tous ces anonymes qui lui demandent « comment récupérer mon ex ». Les vidéos, les tutos sont courants sur Internet. Deux sites ont particulièrement attiré notre attention : celui d'Alexandre Cormont et celui d'Antoine Peytavin. Le premier, conseiller sentimental, a pour vocation de révolutionner votre épanouissement personnel et amoureux depuis 2007. Le second est président fondateur de Jerécupèremonex, site qui accueille plus de 25 000 personnes par jour. Les chiffres sont éloquents : 9,1 millions de visiteurs en 2018. 23,6 millions de vues sur YouTube depuis 2012, plus de 3 000 articles et conseils, un pack Programme expert vendu 197 euros (le prix est diminutif), 10 ans d'expérience et de savoir-faire et… 100 000 couples sauvés. De quoi avoir le tournis.

La rupture pourrait-elle être un *booster* pour les amants qui, plus sollicités que jamais et peinant à se réinventer une vie, ne savent plus comment aimer longtemps ? Rompre, cela peut permettre de tester l'amour de l'autre, le faire réagir. « L'intention est de chambouler la relation en la déconstruisant afin de la reconstruire mais autrement », explique Madeleine Loiseau, coach de vie (*Choisissez tout*, Le livre de poche, 2016). Alors comment savoir si notre projet de reconquête tient la route ? En nous posant les bonnes questions. Pourquoi ai-je cette envie de le (la) revoir ? D'où viennent ces sentiments qui renaissent ? À quel moment de ma vie suis-je ? Il faut d'emblée s'assurer que notre envie ne vient pas combler une insatisfaction amoureuse.

Le remariage ou la véritable seconde chance ?

Il faut surtout profiter de cette seconde chance pour se présenter tel que l'on est, avec la maturité que la séparation a pu nous apporter. Ce qui importe est que notre ex ne retombe pas amoureux de la personne que l'on était mais s'éprenne de la nouvelle personne que l'on est. Il faut également rappeler que plus les liens ont été forts, plus ils ont de chances de renouer sur des bases saines, sans rancœurs ni frustrations. Cela passe par la communication et l'instauration de nouvelles règles du jeu afin de ne pas réitérer les erreurs passées.

En revanche, si la rupture a été difficile pour l'un des deux partenaires, si elle s'est faite de manière très brutale, il y a peu de chances pour que le couple se reforme un jour. Cet ultime témoignage, celui de Kat, nous permettra de clore cet ouvrage.

« Cela faisait trois ans et trois mois que cet homme était l'homme de ma vie. Nous venions de passer les fêtes de fin d'année en famille chez mes beaux-parents. Lui et moi avions l'impression d'être ensemble depuis une éternité. Nous avions affronté bien des tempêtes, notamment son divorce interminable et compliqué, mais nous avions toujours su faire face. Nous étions forts, amoureux, nous avions confiance l'un en l'autre. Notre avenir s'annonçait radieux. Grâce à cet homme, j'avais compris que l'amour véritable est rare et discret. Quand il survient, il est aisé à reconnaître. Il emporte tout sur son passage. Pour ma part, je l'avais tout de suite compris : c'est avec cet homme que j'envisageais de passer le reste de ma vie. Notre rencontre s'était avérée être une évidence. Pourtant, contre toute attente, il est parti, un soir, comme ça. En cinq minutes. Sans explication valable. »

Un mois auparavant, Kat apprenait le retour d'une tumeur cancéreuse. Elle allait devoir se battre seule au moment où elle avait plus que jamais besoin de cet homme et de son soutien.

« Comment a-t-il pu tourner la page de notre histoire si rapidement ? Nous avions rencontré des difficultés, mais il ne s'est pas battu pour moi, pour nous. Il a rencontré une autre femme, une femme qui fait partie de mon groupe d'amies, elle lui tournait autour depuis quelque temps, elle est arrivée au bon moment, au bon endroit, il lui a cédé et il a renoncé à me retrouver. Il a abandonné, il a oublié qui j'étais, ce que j'avais fait pour nous. Je ne méritais pas ça, non. C'est vraiment trop cruel d'autant que cette femme a pris la peine de m'appeler pour me dire qu'elle était en train de me voler mon homme. Comment a-t-il pu tomber dans ses filets, la péronnelle avec ses larmes de crocodile qui a profité de ma maladie et de ma confiance aveugle pour le vamper, lui dire ce qu'il avait besoin d'entendre, abuser de sa naïveté de manière éhontée ? Mentir à ma fille de 7 ans, à la famille, aux amis, aux voisins, au boucher, à la pharmacienne, à la maîtresse de CP, au coiffeur, à l'esthéticienne, sourire pour donner le change, ne pas flancher, ne pas pleurer en public, ne pas sauter par la fenêtre, ne pas s'ouvrir les veines, ne pas étouffer de honte, ne pas penser à eux, ne pas tomber en dépression ou tomber tout court, me lever, m'habiller, sortir pour travailler, ne rien laisser transparaître au public face à moi, faire un bilan sanguin et le bilan de ma vie. Ce fut le chaos total. Je n'ai plus eu la force de rien, je suis devenue l'ombre de moi-même, l'ombre de mon ombre et l'ombre du chien qu'il m'a repris. J'ai pensé alors à mourir d'amour. De quelle façon meurt-on d'amour ? Est-ce qu'on décide un beau jour d'arrêter de respirer ou est-ce que ça vous tombe dessus comme une lourde pastèque ? Ça paraît si simple dans les romans et si compliqué dans la réalité. Est-ce que ça fait mal ? Parce que moi j'ai eu mal, atrocement mal. Pourquoi personne ne m'a mise sous morphine. Ils ont tous vu que j'étais à bout. Au cours d'une journée, il m'arrivait de passer par toute la palette des sentiments humains. Un vrai kaléidoscope. »

Aujourd'hui, Kat va bien. Elle a subi une 3e opération. La maladie s'éloigne même si le chemin reste long à parcourir. Elle me dit avoir tourné la page de son histoire avec cet homme tant aimé qui l'a abandonnée, trahie, lui a fait du mal. « Ce qu'il a fait est juste impardonnable. Il ne mérite que mon mépris, mon indifférence, ou ma détestation la plus totale. »

Fin de l'histoire.

CONCLUSION : LA FAMILLE DANS TOUS SES ÉTATS

« Familles, je vous hais ! » écrivait André Gide en 1897. La formule rageuse et provocante, devenue un slogan libertaire dans les années 1970, a fait long feu. L'image de la famille a changé, même si elle reste un terrain de conflits, d'incompréhensions et parfois de ruptures douloureuses. Y compris chez ceux qui la considèrent comme indispensable à leur existence. De notre famille, nous attendons une reconnaissance, une fierté à l'égard de nos réussites, un regard aimant qui nous porte. Leur absence engendre une souffrance, une colère, une frustration que nombre de lecteurs de cet ouvrage auront déjà connues. Les relations familiales sont d'autant plus complexes que plusieurs dimensions cohabitent – affective, identitaire, morale, symbolique.

Même si ce cocktail est hautement inflammable, rien n'empêche de conserver des rapports sains et pacifiques avec sa famille. À condition d'accepter de se confronter à la réalité et non à l'imaginaire. Car si la famille nous met dans tous nos états, c'est aussi parce qu'elle est le lieu de tous les fantasmes. Tout le monde rêve d'une « famille Ricoré », où l'on se parle, s'écoute et se comprend. Mais ce mythe ne résiste pas au réel.

Dans la famille traditionnelle, je demande la mère… Autrefois, le jeu des sept familles suffisait à la décrire : le père, la mère, le fils, la fille, la grand-mère, le grand-père… Mais le jeu s'est complexifié. Entre les divorces, les remariages, les PACS, la famille n'en finit plus d'évoluer. Classique, monoparentale, recomposée ou homoparentale, elle demeure un pilier de la vie de chacun. Selon l'enquête 2018 sur les valeurs des Français et des Européens (Laboratoire Pacte-CNRS et Arval), 86 % la jugent très importante dans leur vie, loin devant le travail (62 %), les amis et les relations (53 %), les loisirs (34 %) et la politique (10 %). « La famille reste une valeur intemporelle, qui suscite l'adhésion de tous, indépendamment des origines sociales », commente le politologue Pierre Bréchon, un des coordinateurs de l'étude.

Quand on évoque la famille comme valeur cardinale, on parle surtout du foyer auquel on aspire. « L'image abstraite de la famille où chacun pourrait s'épanouir sans entrave est un idéal puissant », rappelle le psychologue Sébastien Dupont (*La famille aujourd'hui. Entre tradition et modernité*, Éditions Sciences Humaines, 2017). Cette famille idéale, c'est celle qui est servie à toutes les sauces dans les fictions télévisuelles. Pendant vingt-six ans, les téléspectateurs ont notamment suivi les tribulations des Beaumont dans la série *Une famille formidable*. Dans le dépassement ou la résolution des conflits, ces personnages nous rappellent que la famille est ce socle affectif vers lequel on revient toujours, où on ne sera pas jugé et où on se sentira en sécurité. Une solidarité inconditionnelle qui rassure même si on ne l'expérimente pas forcément dans la vraie vie.

La famille est redevenue attractive car elle a su se métamorphoser. Désormais, on « fait famille » selon ses désirs. Plus souple, plus tolérante, la famille n'est plus cet espace où l'on se sent entravé. Ses membres souhaitent rester « libres ensemble », selon l'expression du sociologue

François de Singly. Quand on demande aux Français quels mots ils associent à la famille (sondage IFOP, 2012), ils répondent en premier le bonheur à 35 %, les valeurs communes (21 %), le partage (17 %) et la solidarité (14 %) devant les conflits et les contraintes (2 % chacun).

Bien que contestée, bouleversée, l'union d'un homme et d'une femme pour le meilleur et pour le pire reste pour la grande majorité des individus un idéal de stabilité qui a fait ses preuves. La famille comme symbole de la vie privée et de l'amour n'a jamais été aussi forte. Considérée comme un lieu de repli, elle se porte donc mieux que jamais, mais sous des formes sans cesse renouvelées. La famille représente en somme une sorte de protection qui s'exerce tout au long de la vie. Ne pouvoir compter sur personne, ne pas être entouré, est perçu comme une fragilité, mais aussi comme un risque, celui d'être isolé et dépendant des solidarités publiques. La plupart des chercheurs s'accordent sur la constance de la solidarité dans la famille moderne. Elle se concrétise dans des pratiques d'entraide qui recouvrent des formes très variées (aide financière, échange d'informations et de services plus ou moins quotidiens). Ces solidarités s'exercent en majeure partie le long de la chaîne générationnelle, entre grands-parents, parents et enfants. Lorsque l'on interroge les gens sur les valeurs servant de socle à la famille, ceux-ci répondent à l'unisson : l'entraide et l'assistance, la fidélité, la confiance et la transmission.

Comme le souligne Bernadette Bawin-Legros (*Le nouvel ordre sentimental*, Payot, 2003), le nouveau couple, exigeant en qualité de sentiments, donc limité dans le temps (on n'hésite pas à se séparer quand le sentiment n'est plus au rendez-vous), n'en demeure pas moins traditionnel dans ses valeurs. La génération moderne reste porteuse d'idéaux qu'elle applique le temps que l'union dure : authenticité, sincérité et stabilité. Au sein du nouveau couple, revendiquer son individualité ne signifie pas forcément oser toutes les libertés. Il est frappant de constater que, dans toutes les enquêtes sociologiques sur les valeurs du couple, la fidélité est toujours citée en premier, même par les plus jeunes. Pourtant aujourd'hui, même dans la loi, l'infidélité n'est plus une raison (suffisante) pour demander le divorce. Le maintien de cette exigence montre à quel point l'exclusivité sexuelle et affective semble être une forme qui garantit une certaine sécurité personnelle. La famille peut être considérée comme un facteur d'homéostasie morale, sexuelle et sociale. Le noyau familial sert de refuge émotionnel.

Famille donc et familles au pluriel… Les parents s'aiment en CDD, alors qu'il n'y a pas si longtemps, finalement, le fatalisme conjugal astreignait à aimer en CDI, presque obligatoirement, pour le meilleur et souvent pour le pire. Mais la durée de vie s'est considérablement allongée, les femmes ont conquis leur indépendance de haute lutte, et les représentations de la famille traditionnelle ont tellement évolué que séparation, divorce, célibat temporaire assumé ou non, amitiés amoureuses, « papillonnage », recompositions, voire polyamour font désormais partie du paysage amoureux.

« La famille s'emmêle » comme le disait le psychiatre et psychanalyste Serge Hefez, alors que la morale a de moins en moins voix au chapitre. À ce nouveau jeu des « sept familles », qui voit les cartes et les rôles sans cesse redistribués, chacun(e) peut jouer sa partie.

Vous l'aurez compris, au XXIe siècle, les mutations de la vie à deux et de la famille en général ont été aussi importantes que pendant les quatre siècles précédents. À la notion de père de famille s'est substituée celle de partenaire. Chacun peut selon son choix garder son nom, prendre celui de son conjoint ou accoler les deux. Le modèle familial nucléaire a implosé : pères ou mères célibataires, mariages recomposés, PACS, mariages blancs, ménages à trois ou quatre, unions libres ou homosexuelles…

Étrangement, l'instabilité des couples aujourd'hui semble reproduire celle de la vie professionnelle. Dans les années 1980, on entrait à vingt ans dans une entreprise pour y faire carrière. Désormais, l'entrée dans la vie professionnelle doit passer bien trop souvent par une longue phase d'insertion où alternent l'intérim, les CDD, les stages, les périodes d'essai, le chômage. Et au cours de sa vie, il faut s'attendre à des reconversions professionnelles. Il est clair que le couple et la famille semblent soumis au même régime de précarisation.

« On ne choisit pas ses parents, on ne choisit pas sa famille », chante Maxime Le Forestier (Album *Né quelque part*, 1988). Trop normale ou trop dingue, déchirée ou étouffante… Quelle que soit la famille dont nous sommes issus, il y a toujours à redire. On n'a jamais la famille qu'on voudrait, c'est aussi ce que pensent, parfois, ceux qui affrontent la séparation, ceux qui se lancent dans l'aventure de la recomposition familiale, de l'adoption, de l'homoparentalité, ceux qui, par choix ou non, élèvent leurs enfants seuls. Faire le deuil de la famille dont on rêvait, faire avec les cahots d'un chemin à inventer, composer avec le regard des autres, aider les enfants à s'adapter, à assumer la singularité de leur condition. Il en faut du courage, de la ténacité et de l'amour pour faire famille dans des configurations inattendues ou inédites.

La famille fait l'objet d'une forte idéalisation alors que la famille parfaite, c'est un peu comme l'homme ou la femme idéal(e). C'est une pure fiction. Il n'y a pas de famille modèle.

Adoption, PMA, homoparentalité, les contours de la famille évoluent et les débats sont souvent explosifs. Car toucher à la famille, c'est toucher à ce que nous avons de plus intime. Alors oui, les familles se défont, mais elles se renouent aussi en permanence, sous une forme ou une autre. Moins qu'une révolution, il s'agit plutôt de l'apparition de modèles variés et de dynamiques contradictoires. Il est peut-être temps d'accompagner ces changements et de vivre la famille plus sereinement.

ÉPILOGUE
LA FAMILLE À L'ÉPREUVE DU CORONAVIRUS…

Finalement, la famille est en révolution, la famille est en crise, parce que c'est la société elle-même qui est en crise et en révolution. Les évolutions familiales prennent acte des évolutions sociétales, les unes sont calquées sur les autres, par effet de corrélation… Et nous avons vu ici que les normes, les valeurs, les mentalités, les pratiques et les mœurs aussi sont sociétales d'abord, avant d'infuser dans les modèles familiaux, jusqu'à les transformer. Ensuite, il convient de prendre acte juridiquement, socialement et « moralement » de ces métamorphoses. Cela provoque des débats, des controverses, des polémiques, mais n'est-ce pas le privilège des sociétés démocratiques de laisser l'opinion discuter l'évolution des modèles, même quand cela se fait en quelque sorte « dans la douleur » ? Nous ne l'avions pas abordé ici, mais il est encore bien des sociétés et des cultures dans lesquelles les modèles familiaux (ostensiblement « traditionnels » et patriarcaux) sont imposés à tous, et surtout à toutes…

On ne peut finir sans évoquer la crise du Coronavirus, car celle-ci, sanitaire, économique, sociale, est aussi une crise qui aura (eu) des implications familiales immenses.

Dans son allocution « de guerre » du 16 mars 2020, Emmanuel Macron a lourdement insisté sur les liens familiaux et intergénérationnels, et la nécessité de leur robustesse dans cette gestion de crise majeure. Il a finalement replacé la famille, durant le temps de confinement, au centre du dispositif social, au centre de la production des liens.

« Qu'est-ce qui fait que cela tient ? » se demandait le sociologue Émile Durkheim dans une formule célèbre... Ce qui fait « que cela tient ? » (c'est-à-dire que la société tient), ce sont les liens que l'on noue avec ses proches, avec son premier cercle. La société, c'est un ensemble de liens, de sens et de cœur, d'intérêts et de projets.

La famille, même en crise, même en révolution, même fragilisée, même en tensions, est un socle. Finalement, le Coronavirus aura « tout remis à plat », et il aura peut-être remis « l'église au centre du village », selon le vieux proverbe paysan. L'église, ici, c'est bien sûr la famille. On se retrouve confiné ensemble, on apprend à se redécouvrir, on apprend à se reconnaître, et parfois se connaître... Des huis clos familiaux qui ont parfois été étouffants et souvent régénérants. Se retrouver ensemble, se retrouver tout court, se ré-apprendre...

Et puis le confinement a permis de tester la force des liens intergénérationnels, il a rapproché les grands-parents de leurs petits-enfants, on a été heureux d'être ensemble, on s'est beaucoup manqué aussi quand éloignés par la force de choses, et c'est dans l'absence aussi qu'on éprouve la profondeur des sentiments.

Contre toute attente, le Coronavirus aura été un formidable révélateur familial, il aura dit que certains (ou certaines) sont seuls, en ont marre de leur conjoint, ou l'aiment encore, ou l'aiment de nouveau... Cela ressemble à s'y méprendre à une pièce de boulevard à l'échelle nationale, pour mettre un peu d'humour dans une situation tragique.

Pour conclure, la famille est en révolution, certes elle est en crise. Mais la famille, comme destin individuel et collectif, reste un havre auquel on revient quand on est fatigué, perdu, ou âgé.

C'est tout cela la famille. Alors on lui pardonnera ses crises d'adolescence ou de couple, et on l'acceptera *in fine* comme elle est : incontournable, et peut-être même indispensable.

TABLE DES MATIÈRES

Structures éditoriales du groupe L'Harmattan

L'Harmattan Italie
Via degli Artisti, 15
10124 Torino
harmattan.italia@gmail.com

L'Harmattan Hongrie
Kossuth l. u. 14-16.
1053 Budapest
harmattan@harmattan.hu

L'Harmattan Sénégal
10 VDN en face Mermoz
BP 45034 Dakar-Fann
senharmattan@gmail.com

L'Harmattan Cameroun
TSINGA/FECAFOOT
BP 11486 Yaoundé
inkoukam@gmail.com

L'Harmattan Burkina Faso
Achille Somé – tengnule@hotmail.fr

L'Harmattan Guinée
Almamya, rue KA 028 OKB Agency
BP 3470 Conakry
harmattanguinee@yahoo.fr

L'Harmattan RDC
185, avenue Nyangwe
Commune de Lingwala – Kinshasa
matangilamusadila@yahoo.fr

L'Harmattan Congo
67, boulevard Denis-Sassou-N'Guesso
BP 2874 Brazzaville
harmattan.congo@yahoo.fr

L'Harmattan Mali
Sirakoro-Meguetana V31
Bamako
syllaka@yahoo.fr

L'Harmattan Togo
Djidjole – Lomé
Maison Amela
face EPP BATOME
ddamela@aol.com

L'Harmattan Côte d'Ivoire
Résidence Karl – Cité des Arts
Abidjan-Cocody
03 BP 1588 Abidjan
espace_harmattan.ci@hotmail.fr

L'Harmattan Algérie
22, rue Moulay-Mohamed
31000 Oran
info2@harmattan-algerie.com

L'Harmattan Maroc
5, rue Ferrane-Kouicha, Talaâ-Elkbira
Chrableyine, Fès-Médine
30000 Fès
harmattan.maroc@gmail.com

Nos librairies en France

Librairie internationale
16, rue des Écoles – 75005 Paris
librairie.internationale@harmattan.fr
01 40 46 79 11
www.librairieharmattan.com

Lib. sciences humaines & histoire
21, rue des Écoles – 75005 Paris
librairie.sh@harmattan.fr
01 46 34 13 71
www.librairieharmattansh.com

Librairie l'Espace Harmattan
21 bis, rue des Écoles – 75005 Paris
librairie.espace@harmattan.fr
01 43 29 49 42

Lib. Méditerranée & Moyen-Orient
7, rue des Carmes – 75005 Paris
librairie.mediterranee@harmattan.fr
01 43 29 71 15

Librairie Le Lucernaire
53, rue Notre-Dame-des-Champs – 75006 Paris
librairie@lucernaire.fr
01 42 22 67 13

Achevé d'imprimer par Corlet Numérique - 14110 Condé-sur-Noireau
N° d'Imprimeur :166235 - Mai 2020 - Imprimé en France